日給300万円の
SS級トレーダーが明かす

# botter《ボッター》のリアル

richmanbtc

幻冬舎MC

日給300万円のSS級トレーダーが明かす

# botterのリアル

# はじめに

私は2020年3月末、100万円を元手にビットコインのトレードを始めました。脱サラしてネットビジネスを始めたものの、思うように売上は立たず。手持ちの資金は100万円でした。家賃も食費も通信費も、そこから支出しなければなりません。増やせなければ投資資金は生活費で削られ、半年足らずで底を突くという状況でした。

4月末に1日100円、稼げるようになりました。5月には136万円、6月に200万円、8月に400万円、10月に600万円、11月に3000万円を超えて、12月には1億9600万円まで増えました。トレードを始めて1年半が経った今、資産は10億円を超えています。

2021年度の平均月収は約1億円。この1年半に私がトレードで稼いだ成績は左の通りです。数字は丸めてありますが、その点はご容赦ください。

# PROLOGUE

## はじめに

【２０２０年】

月間損益（月次）　　年間損益（年次経過）

３月　０円　　０円

４月　０円　　０円

５月　１３６万円　　１３６万円

６月　69万円　　２０５万円

７月　８万円　　２１３万円

８月　２００万円　　４１３万円

９月　50万円　　４６３万円

10月　１４４万円　　６０７万円

11月　２４８０万円　　３０８７万円

12月　１億６５１３万円　　１億９６００万円　↑ここから所得税＋住民税を１億円支払う

【２０２１年】

| | 月間損益（月次） | 年間損益（年次経過） |
|---|---|---|
| １月 | ０円 | ０円 |
| ２月 | ３億円 | ３億円 |
| ３月 | ３億８０００万円 | ６億８０００万円 |
| ４月 | ２０００万円 | ７億円 |
| ５月 | ▲２億２５００万円 | ４億７５００万円 |
| ６月 | ８５００万円 | ５億６０００万円 |
| ７月 | １億２０００万円 | ６億８０００万円 |
| ８月 | １億６０００万円 | ８億４０００万円 |
| ９月 | ６０００万円 | ９億円　←今ここ |

---

「なんだ、仮想通貨バブルでラッキーパンチが当たった成金か？　早晩大損してスッカラカンになるぞ」

と、思われる方もいるかもしれませんが、ちょっと待ってください。確かに仮想通貨の乱高下は激しいですが、どんな幸運を味方につけても、ここまでコンスタントかつ爆発的に増やすのは不可能でしょう。まして私は、株でもFXでも継続的に利益を上げられたことがないのです。ガチホ（保有しっぱなし）でたまま急上昇に乗ったのでないことは、毎月損益が確定していることからもおわかりいただけると思います。

では、どうやってこの成績を実現したのか⁉ 答えは「AI」です。過去の価格データをコンピュータに読み込ませ、機械学習で〝勝てる投資戦略〟を探し出します。それに基づいて発注するプログラム〝bot〟を作り、取引所のシステムに接続して自動で売買しているのです。

botが監視するので24時間休みませんし、集中力も途切れません。チャンスがあれば1日に何百回でも、細かな売買を繰り返すことができます。リスクを取って大きなリターンを狙うbotもあれば、確実性重視でコツコツ積み上げるbotもあります。乱高下を得意とするbotもあれば、ボックス相場で活躍するｂｏｔもいます。

個性の異なる複数のｂｏｔをあちこちの取引所で動かすことで、どんな相場にも対応し、安定的に利益が出せるようにしてあるのです。「勝てる投資戦略」を見つけ「稼げるｂｏｔ」が完成すれば、あとはほとんどやることがありません。時々きちんと稼働しているかをチェックし、必要があればメンテナンスをするだけです。

こうしたｂｏｔを駆使して、仮想通貨で稼ぐトレーダーを「ｂｏｔｔｅｒ」と言います。本書は、ｂｏｔｔｅｒになりたいと思う人のための入門書として書きました。

ＡＩってナニ？　機械学習ってナニ⁉︎　プログラミングは初心者、仮想通貨はおろか株やＦＸも買ったことがないという人でも大丈夫です。この一冊で何から何までできるようにはなりませんが、少なくとも「勝てる投資戦略」はどうやって探し、「稼げるｂｏｔ」を作るためにｂｏｔｔｅｒがどんなことをやっているのかを、できるだけわかりやすく、噛み砕いて説明してあります。

機械学習と言うと巨大なコンピュータが必要になると思う人がいるかもしれませんが、MacBookが一台あれば大丈夫。botを作るにはPythonというプログラミング言語を使いますが、初心者が最も学びやすくとっつきやすい言語の1つです。

自動売買のプログラムはスマホのアプリなどと比べればはるかにシンプルなコードで書けますし、何なら〝ひな形〟があるのでそれをコピペして細かな数値を調整したり、付け足したりして自分好みに改良していく方法もあります。

技術的なハードルは、皆さんが想像しているほどは高くないはずです。ただ「勝てる投資戦略」を探すためには、特徴量（データの中のどんな特徴に着目してコンピュータに学習させるかというヒント）をいろいろと用意して、ひたすら機械学習で回す熱意と根気です。大変ですが、この作業を「楽しい！」と思える人には、まったく苦にならないでしょう。そこがbotterに向いているか、いないかの分かれ道かもしれません。

私は、1カ月半後に「稼げるbot」を完成させました。ただし、これは一定の時間をかければ見つかるという類のものではありません。あなたなら半日で見つけてしまうかもしれないし、半月かかっても見つからないかもしれません。でも、諦めずに取り組んでいれば、必ずヒントは見つかります。それをひたすら磨き、機械学習で鍛え上げて、自分の〝相棒〟として育てるのです。

私は本書が、特に理工系の学生や若いプログラマーに届いて欲しいと願っています。そうした人たちなら、研究や仕事で機械学習（ＫａｇｇｌｅやＪｕｐｙｔｅｒ）を使っている／使ったことがあるのではないでしょうか？　そうであれば、ｂｏｔｔｅｒになるのにほとんど準備はいりません。よほどお金嫌いで「これ以上あったら困る」という人でなければ、やらない理由がありません。

今、世界で求められているのは、理工系の知識であり、プログラマーの技術です。世の中のあらゆる仕組みが、デジタルに置き換わろうとしています。あらゆるヒトとモノとコトがデータ分析され、より便利で安全で効率的なサービスのために、活用されようとしています。

ところが、日本で理工系学部に進むのは、学生全体の2割強しかいないそうで

# PROLOGUE

はじめに

す。プログラマーはどの業界でも極端に不足していて、人材の奪い合いになっています。需要は急騰しているのに、供給は圧倒的に少ない。となれば、給与や報酬は吊り上がっていくはずです。しかし、日本で理工系の大卒初任給が、数千万円になったという話は聞いたことがありません。シリコンバレーでは優秀な理工系学生が、年俸1千万円以上で雇われることなど珍しくないというのに――。

日本の理工系学生やプログラマーは、恵まれていません。世界で求められる知識や技術がありながら、通勤電車の混雑に耐え、若手というだけで意味のない雑用をやらされ、職場の人間関係でストレスを蓄積し、見合った報酬も得られない。なんとも夢のない話です。

botterになれば、月収1億円も夢ではありません。仕事にやりがいを感じているなら、副業として取り組んでもいいのです。「勝てる投資戦略」を見つけ「稼げるbot」を完成させさえすれば、仕事にまつわる時間とお金とストレスから完全に解放されます。

「そんなにいい話なら、とっくに皆がやっているはずでは？」

と、あなたは言うかもしれません。それには私も同意します。皆が始めていないのが不思議ですし、もったいないと思っています（だからこそ、本書を出すことに決めたのですが）。Ｔｗｉｔｔｅｒで「ｂｏｔｔｅｒ」と検索すると、界隈の人たちが活発に情報交換しています。ですが、絶対数はまだそんなに多くないはずです。

ビットコインを含む仮想通貨が、投資商品としては成熟していないからかもしれません。数年前に熱狂的なブームがありましたが、取引所の流出事件や暴落相場で完全にしぼんでしまいました。あるいは、ＡＩや機械学習が、多くの人にとっては「理工系の特殊な知識や技術を要する難解なもの」と遠ざけられがちだという事実もあるでしょう。

ですが、ルールが整備され派生商品も登場し、投資対象としての仮想通貨の存在感は、より大きく確かものになっています。ＡＩも機械学習も実際はもう私たちの周囲に溢れていて、誰もがその恩恵を受けています。子ども達は学校で「プログラミング」を学んでいます。皆がこぞってｂｏｔｔｅｒを始める環境は着々と整いつつあるのです。

# PROLOGUE

はじめに

日本でbotterをやる人が増えた結果、一個人で大金を稼ぐ人が増え、結果として日本を押し上げたりしたら、面白いと思いませんか？

あなたにもきっとできます、できない理由がありません。本書を手に取ったのは〝幸運〟のしっぽかもしれません。そのままグイッと手繰り寄せてください。さあページをめくり、botterとしての第一歩を踏み出しましょう！

2021年12月

richmanbtc

目次



## CHAPTER 1

# 勝ち続けるのは〝まぐれ〟ではない 知られざるbotterの世界

# CHAPTER 2

# 預金の〝底〟が見え3カ月で私はbotterになった

CHAPTER 3

# 努力は必要だが才能はいらない 機械学習には〝チャンス〟がある

## CHAPTER 4

# なぜ!? 突如〝凍結〟された3億円を取り返すまでの闘い

CHAPTER 5

# お金で実現できること――あなたも世界を変えられる

# CHAPTER 1

## 勝ち続けるのは“まぐれ”ではない
## 知られざるｂｏｔｔｅｒの世界

# botを駆使して資産を増やす

botter（ボッター）と聞いて何かを理解できる人は、2021年現在、そう多くはいないでしょう。botterのbot（ボット）とはrobot（ロボット）から来ていて、特定の命令に従って自動的に作業を行う自動化プログラムの総称です。

インターネットの世界では検索サイトで使われるあちこちのWebを巡回して情報を取得して回るプログラムや、Twitterであらかじめ登録されたツイートを定期的またはランダムに発信するプログラムのことをbotと言います。

株やFX、そして仮想通貨の取引で使われるbotは、相場状況に応じてプログラムが買い／売りの注文を自動で出して、日々利益を上げていくものです。こうしたbotを駆使してトレードしている人のことをbotterと呼ぶのです。ネットやトレーダーの〝界隈〟での呼称／俗称で、おそらく和製英語だと思います。

## 投資は人間がやるから失敗する

「ｂｏｔによる取引」（以下、ｂｏｔ取引）と聞くと目新しさが感じられるかもしれませんが、実は投資／トレードをしている人に馴染みのある「自動売買／特殊注文」「システムトレード」とほぼ同義です。

**発注システムによる自動売買（指値注文や特殊注文）**

指値や特殊注文（逆指値／ＩＦＤ注文／ＯＣＯ注文など）で「この価格になったら○単位を売買する」とあらかじめ予約を入れておく「自動売買」は、証券会社やＦＸ会社の発注システムを使ったｂｏｔ取引です。

自動売買は「ずっと値動きを監視していなくても、その価格になったら証券会社やＦＸ会社のシステム（＝ｂｏｔ）が自動で注文を出してくれるから便利だよね」というだけで、それを使えば勝てるというものではありません。何をどんなタイミングで売買するかは、投資家が裁量で決めることもできます。ですから、下手なトレーダーが下手な判断に基づいて自動売買を使っていれば、資金はどんどん減っていきます。

## ルールベースの自動売買（システムトレード）

一方、価格や出来高の推移をグラフ化したチャート（テクニカル指標）の形状によって判断し、自動売買をよりシステマティックにしようというのが「システムトレード」です。

投資家／トレーダーが失敗してしまう原因の多くは、人の感情の弱さにあります。株価や為替が上がるとどこまでも上がるとイケイケで高値に飛びつき、値下がりしても希望的観測にすがってズルズルと含み損を拡大し、資産を失う恐怖に耐え切れなくなって投げ売ったところが底になる……等々。そうした感情の弱さを排して機械的に淡々と、ルールに基づいて売買が繰り返されるという点で、システムトレードは裁量トレードよりも高い勝率を残せます。

もちろん、システム自体がポンコツでは意味がありませんし、システムの勝率にも限界があります。値動きはより長期的に見るとチャートのルールに収れんする傾向があるというだけで、チャートを根拠に動いているわけではありません。ダマシ（ルール通りにいかないこと）もたくさんありますし、突発的な出来事（イベント）は推測し得ません。

## 機械学習を使った自動売買

本書で紹介するのは、このシステムトレード（ルールベースの自動売買）の〝進化系〟です。最大の特徴は、システムの設計に機械学習を用いている点です。

移動平均線乖離率（※1）などのテクニカル指標を複数用意し、それらを特徴量（※2）として学習すると、プログラムが「どういう条件のときにトレードすれば儲かるか」を見つけてくれます。ゴールデンクロス／デッドクロス（※3）などのチャートの法則（セオリー）としてよく知られたものだけでなく、人間が到底見つけられないような複雑な条件も見つけられます。

そのような複雑な条件で設定したプログラムを証券会社やFX会社の発注システムに繋いで自動売買するのが「機械学習を使った自動売買」です。機械学習と言えど過去のデータをベースにしている以上、そのプログラムが未来の相場においても確実に機能する保証はありません。ですが機械学習は複雑な計算によって、その確率を極限まで高めていくことができます。

先に「自動売買やシステムトレードも広義にはｂｏｔ取引である」と書きましたが、本書ではこれより先、機械学習を使った自動売買をｂｏｔ取引とし、これによって稼いでいる人たちをｂｏｔｔｅｒと称します。

※1　「移動平均線」とは一定期間を遡った価格の平均値をグラフにしたもの。例えば「5分移動平均線」なら、現在・1分前・2分前……5分前の価格の平均値を線で結んでいく。売買が成立する毎に価格は上下するが、平均を取ることでブレが修正されるので〝より冷静な〟値動きのトレンドを見ることができる。「移動平均線乖離率」とは、現在の価格が移動平均線からどれだけ離れているかを率にしたもの。この数値が大きいほど「価格はやがて移動平均線に近づいていく」と予測することができる。

※2　機械学習では、大量に読み込ませたデータの中から「どの部分に注目してパ

ターンを見つけるか」の指示を与えて、コンピュータに計算させる。機械学習を使った自動売買では、過去の価格データを大量に読み込ませ「この投資戦略（これが特徴量）でトレードしたら資産はどのように増えるか減るか」を計算によってシミュレートする。機械学習には〝Garbage In, Garbage Out〟（ゴミを入れたら、ゴミしか出てこない）という格言がある。不完全なデータや的外れな特徴量を作成すると、品質の悪い機械学習済みモデルしか出力されない。

※3

2本の移動平均線（期間の短い短期線と期間の長い長期線）の上下の位置関係が逆転するタイミング。トレンド転換のシグナルとされる。価格が上昇トレンド（右肩上がり）にある時は短期線が長期線よりも上にあり、価格が下降トレンド（右肩下がり）にある時は短期線が長期線よりも下にある。短期線が長期線を上抜いた瞬間を「ゴールデンクロス」（上昇トレンドに転換）、短期線が長期線を下抜いた瞬間を「デッドクロス」（下降トレンドに転換）という。

# 機械学習はAIと何が違うか

機械学習とは、AI（人工知能）を構成する技術の1つです。コンピュータに大量のデータを読み込ませ、そこに潜んでいる有効なパターンやルールを見つけ出すことで、さまざまな事象の判別や予測をすることができます。

Amazonや楽天がECサイトで「あなたはこの商品に興味があるのではないですか？」とおすすめを出してくるのは、あなたの属性やネット上での行動がデータとして活用され、機械学習によって「このユーザーはこの商品を買う可能性が高い」と判別されているからです。

あるいは「チャットボット」によるカスタマーサポートを利用したことはないでしょうか？　顧客が自然な問いかけで質問内容を入力すると、botがあらかじめ用意された回答例から最適な返事をします。これも顧客とオペレーターの質問→回答の組み合わせを大量に読み込ませ、機械学習によって最適解が選ばれるシステムが動いています。

ｂｏｔ取引は、この機械学習を投資／トレードに応用したものです。そうすると読者の中には「株価や為替に影響を及ぼしそうなありとあらゆるデータを読み込ませておけば、ＡＩが儲かる法則を見つけ出して自動売買し、さらに経験から学習量を増やして資産をどんどん増やし続けてくれる凄いシステム」を想像する人がいるかもしれません。

現状はまだそこには至っていません。今は、過去の膨大なデータを使って投資戦略の有効性を確認し（ここまでが機械学習）、でき上がったプログラム（これがｂｏｔ）をＦＸ会社や仮想通貨取引所のシステムに載せて自動で運用させるところまでです。

ＡＩ／機械学習／ディープラーニングの何がどう違うかは、よく誤解されるところです。機械学習によるｂｏｔ取引を理解していただくために、ここで説明しておきたいと思います。

ＡＩとは、コンピュータで人間と同様の知能を実現させようという取り組みの総称です。すでに実現できているものと将来実現できるかもしれない部分もひっくるめて〝コンピュータに人間の脳と同じような作業をさせることの全般〟を言いますから、非常にざっくりとしています。

さて、機械学習とはＡＩに含まれる技術です。〝膨大なデータ〟を読み込ませれば〝ある特徴〟がどれくらい有効かを、計算によって検証することができます。一方、ディープラーニングとは機械学習に含まれる技術で〝膨大なデータ〟を読み込ませれば、その中から〝ある特徴〟を見つけ出すことができます。

ＡＩ／機械学習／ディープラーニング

**ＡＩ・機械学習・ディープラーニングの違い**

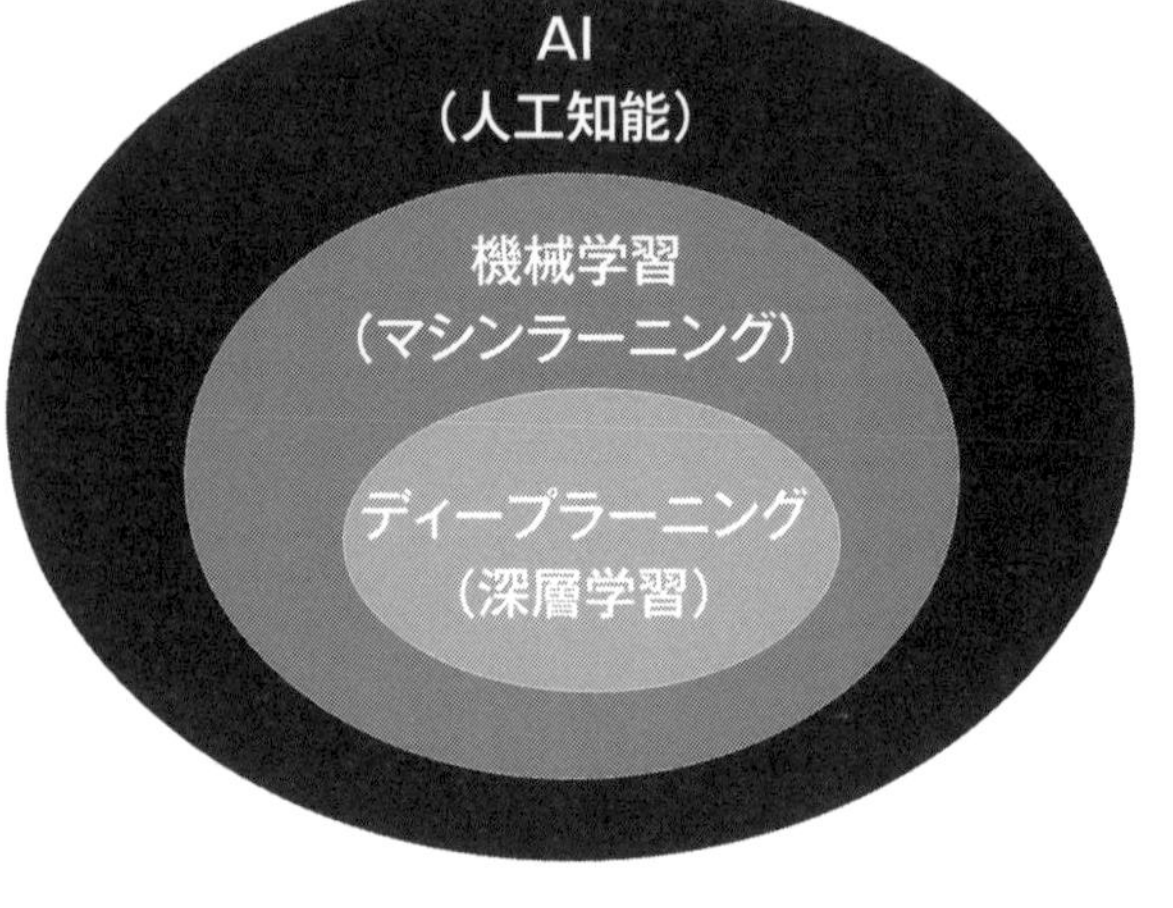

の関係性を図で示すと、概ね次のようになります。

機械学習を投資に活用する場合、〝膨大なデータ〟とは主に株価／為替／価格や出来高の記録であり、〝ある特徴〟とは主に株価／為替／価格や出来高のグラフ（チャート）が示す形。それによって資産がどのような増え方をするか／減り方をするかが〝検証によって明らかになる有効性〟ということになります。

機械学習ではまず株価／為替／価格のデータを過去数十年分（読み込ませた分だけ）読み込ませ、そこから特徴量を学習させて、資産がきれいな右肩上がりを描くようなストラテジーを構築するわけです。それさえできれば、あとは簡単。FX会社や仮想通貨取引所のシステムにそのプログラムをコピペして、リアルな相場で運用すればいいのです。

取引に用いるプログラムを作ること自体はそう難しいものではなく、プログラミングの経験がない人でも、数カ月も勉強すればできるようになると思います。

機械学習で大変なのはシミュレーションする投資戦略を、自分で用意しないといけないことです。今後研究が進めば、過去の膨大な価格データから有効な投資戦略をコンピュータ自身が見つけ出し、実際の相場で利益を上げながら経験（運用しながら得られるデータ）で投資戦略をアップデートしながら、常に資産を増やし続けることも可能になるかもしれません。

今のところ、シミュレーションにかける投資戦略のアイデアは、自分で探してこないといけません。機械学習ではデータを基に投資戦略の有効性が確認できますが、特徴量（どういう条件であれば資産が増えるかといった〝目の付けどころ〟のこと）の抽出は、人間が行います。ここここそが機械学習の肝であり、ｂｏｔｔｅｒが心血を注いでいるところです。

## 複数のbotが24時間稼ぎ続ける

機械学習で検証のうえ、ＦＸ会社や仮想通貨取引所のシステムに繋いでトレードするｂｏｔは、複数あって構いません。

　人にもそれぞれ個性があるように、プログラムにも特性があります。頻繁に売買を繰り返してコツコツと小さな利益を積み上げるアベレージヒッターもあれば、取引回数は少ないものの一たび動けば大きな利益を上げるスラッガータイプもあります。上昇相場に強いもの、下落相場に強いもの、売り買いが拮抗した横ばい相場で鞘を取るタイプなど、いろいろです。

　人が裁量でトレードする場合、こうはいきません。誰にだって今後について上がるだろう／下がるだろうといった見通しはあるはずで、完全なニュートラルにはなりきれません。「下がったら買い、上がったら売ればいい」とは言うものの、どこまで下がるか／どこまで上がるかなんてわかりません。

　十分に下げたと思って自分が買った後にも下落が止まらず、含み損が増えていったら「間違っていたかもしれない」と不安にもなるでしょう。長期目線では上げ相場だと思って全力買いをしている最中に短期的な下げ相場がきたときに、買いと同じ熱量（信念と資金）で売りのポジションを建てられるでしょうか？どれだけシステマティックにトレードすると言っても、人に感情がある限りそれから逃れることはできません。

体力や集中力の限界もあります。仮想通貨は取引会社のシステムメンテナンスなどを除き、365日ほぼ24時間取引可能ですが、裁量トレーダーには必ず睡眠や休憩が必要です。どんなにストイックな人にも、1日の1／3はトレードできない時間があるでしょう。またトレード中、常に同じ集中力と緊張感を維持することも不可能です。体調が芳しくなかったり疲れてくればミスもしますし、ストレスも蓄積していきます。

そもそも、そこまでしてトレードをするのは何のためでしょうか⁉　使い道は人それぞれにせよ稼いだお金を使って、何かを実現するためではないでしょうか。起きている時間をずっとトレードに使うのでは、その目的を果たせません。

勝って奢らず負けて嘆かず、ただただ資産残高のプラスを増やすためだけに淡々とトレードに徹するなら、botの右に出るものはありません。集中力もモチベーションも常にMAXの状態で24時間淡々と、言われた通りのトレードをしてくれます。今の今まで上昇トレンドを追いかけて買いを繰り返してきたのに、転換のシグナルが出るや何の躊躇もなくスタンスを切り替えて売り注文を繰り出します。

ｂｏｔｔｅｒは個性の異なる複数のｂｏｔを率いて、トータルで資産を増やしています。とはいえ、やるべきことはそう多くありません。システムが正常に機能しているかを時々チェックしたり、調子を上げているｂｏｔに資金を多めに割り振ったり、時々プログラムを微調整してやるといった程度です。

優れたｂｏｔを作り出しさえすれば、あとは自分の思い通りに好きな時間を過ごせます。Ｂｏｔが稼いでくれるので、お金のことを心配する必要がありません。やりたい仕事や研究に打ち込んでも、趣味やボランティアに生きても、世界中を旅行して歩いてもいいのです。

生きていくためには、お金が必要。そのお金を稼ぐために嫌々やっている仕事から、解放されるとしたら？　世のため人のため、自分自身が実現したい夢のため、時間を自由に使えるようになったら、人生はどれだけ充実することか。そんな人が増えたら、この世界はどれだけ豊かになるでしょう。ｂｏｔｔｅｒになって、そんなことを考えるようになりました。

## なぜビットコインを取引するのか

私はｂｏｔを使って専らビットコインを取引しています。もちろん、他の仮想通貨や為替（ＦＸ）でもいいですし、少し複雑なシステムが必要になりますが株もｂｏｔで取引できます。しかし、全部試してみた上で、ビットコインが圧倒的にｂｏｔ取引との相性が良く、桁違いに儲かりやすいという結論に至りました。

数年前から世間ではビットコインの可能性に関する議論が、あちこちで熱く語られています。「仮想通貨は国境を超えたお金になる！」「いやいや信用の裏付けのない仮想通貨に価値はない！」等々。ビットコインが急騰すれば肯定派が「新しい時代の幕開けだ」と色めき立ち、暴落すれば否定派が17世紀オランダのチューリップ・バブルを引き合いに出して「だから言わんこっちゃない」と呆れ返る。ここ数年、ビットコインの価格が上がったり下がったりするたびに、こうした議論が繰り返されてきました。

私自身も、ビットコインの実用性や将来性について、いろいろと思うところはあります。botを作るために日々考えを巡らせ、いろいろな情報源にあたっているのですから、興味がないわけがありません。PlanBが提唱するS2F(Stock-to-Flow)モデルによると「ビットコインは2025年に1BTC＝1億円に到達する」という説があり、個人的には期待しています。

ですが、botterとして言うなら、もしビットコインが値下がりしてしまっても、まったく関係ありません。なぜなら、botterがやっているのは〝投資〟ではなく〝投機〟だからです。

事実として、日本におけるビットコインの保有や売買は合法です。2021年に入ってから世界の月間取引高はコンスタントに10兆円を超えていて、5月には約20兆円に達しました。株式や為替とは比べれば小さな市場ですが、参加者の数を考えれば必要にして十分です。マーケットで扱われる投資商品は何でもそうですが、参加者が多く活発に取引されるからこそ、安心して大きな資金を入れられるのです。

普通であれば大きな資金が入るほど価格は安定的になり値動きは穏やかになるものですが、ビットコインはこれだけのボリュームがありながら価格の乱高下が激しく、1月に1BTC＝約330万円だったのが4月には685万円まで値上がりし、6月には355万円まで値下がりしました。

ビットコインをガチホ（ガチでホールド＝持ち続けること）している人にとっては気が気でないかもしれませんが、botには感情はなく上げるると見れば即座に買い／下げると見れば容赦なく売って淡々と利益を上げ続けるので、価格が乱高下することはメリットでしかありません。

とはいえ、長期的には上昇している方がbotterとしてもやりやすくはあります。参加者全体で見れば〝買い〟で参加している人の方が圧倒的に多いからです。保有しているビットコインが含み益の状態であれば参加者は積極的になりますし、利益確定した後にさらに上げると「売らなきゃ良かった！」と買い戻したりして、取引が活発になるからです。少々下げても含み益がある状態なら我慢も出来て「まだまだ戻る」と投げ売りにはならず、戻ると「再び上昇だ！」と買い増したりします。

そんなこんなで、ｂｏｔｔｅｒは買いでも売りでも利益が得られるとはいえ、総じて多くの参加者が儲かっている方が取引が活発に行われるので、売買のチャンスが多くなるのです。

## 仮想通貨のレバレッジ規制について

レバレッジとは「テコ」のことで、証券会社や仮想通貨取引所に差し入れた資金を「証拠金」として、その何倍もの取引ができる仕組みです。証拠金が１００万円あって2倍のレバレッジを掛けると、２００万円分の取引ができます。レバレッジを大きくするほど、少ない資金で大きな取引ができることになりますが、それだけリスクも高くなります。

株式投資の場合、国内の証券会社では約3倍までのレバレッジが掛けられます。ＦＸの場合は、同じく国内のＦＸ会社で最大25倍まで。株式投資に比べるとかなりの倍率ですが、２００５年には２００倍とか４００倍（証拠金１００万円で4億円の取引）の業者もあったと聞きます。それが２０１０年に最大50倍までという規制ができ、2011年から現在の25倍になっています（さらに10倍まで引き下げようという動きもあります）。

規制は金融商品取引法に基づくもので、「投資家保護」が目的です。レバレッジが大きく掛けられるほどギャンブル性が高くなり、少しの値動きで証拠金が吹き飛びます。どんな投資も自己責任なので、資産がどれだけ減ろうが溶けようが文句は言えないはずですが、あまりに投機的な取引が多くなると投資商品としての健全性が損なわれてしまいます。

ではビットコインを始めとする仮想通貨には何倍までレバレッジが掛けられるかというと、個人投資家の場合で2倍です。為替と比べればはるかに小さい倍率ですし、株式にすら劣ります。なぜでしょう？

為替は例えばドル／円なら、1日に1円の値動きがあるのはまれです。2021年6月は最も変動した日（6月4日）で0・97円、率にして0・89％でした。なのでレバレッジを掛けて投資金額を大きくし、小さい値幅でも利ざやが取れるようにしているわけです。

　ところがビットコインはというと、同じ6月の最も変動した日（6月14日）には10％も上昇しています。たった1日の内に10％も増えたり減ったりするような資産ですから「レバレッジは2倍程度に止めておいた方がいいだろう」という判断なのかもしれません。

　じつは以前は、国内取引所（一般社団法人・日本仮想通貨交換業協会加盟の取引所）のレバレッジ上限は15倍でした。それが2019年5月から4倍に引き下げられ、2021年2月からはさらに2倍に引き下げられました。

　レバレッジが最大何倍まで掛けられるかは国によって違いますが、先進国では総じて規制が強化される傾向にあります。

## FXで稼ぐのが実はいちばん難しい

　FXでは2005年頃にロシアのメタクオーツ社が「MetaTrader4」（MT4）という高性能トレードツールを開発し、これに「EA」（エキスパート・アドバイザー）というソフトを搭載して、バックテスト↓プログラムによる自動売買が可能になりました。

ところが実際にやってみると、ＦＸのｂｏｔで稼ぐのが相当に難しいことがわかります。機械学習の肝心要は、まず値動きのデータであり、次にどういうパターンでやれば勝てるかというアイデアです。そのアイデアを過去のデータで検証して必勝のセオリーを見つけるのです。

ＦＸは値動きや出来高のデータに関しては非常に充実しています。ですが、セオリーがまるで通用しない相場がしばしば展開します。そして、そんな相場に限って価格が大きく動くのです。普段の変動は小幅であり、だからこそ、レバレッジを掛けて大きな資金を注ぎ込みます。機械学習に裏付けされた戦略で、コツコツと利益が積み上がります。

ところが何の前触れもなく、これまでのトレンドを全く無視した大きな値動きになることがあります。ＦＸをやっている人にはおなじみですが、雇用統計や要人発言がその最たる例です。

雇用統計とは米国労働省が毎月発表する、米国の雇用情勢を調べた景気関連の経済指標です。事前に予想の数字は出ているものの、発表された瞬間に価格が大きく振れたり逆方向に動き出すなどして、多くのポジションが〝狩られて〟しまうのです。

雇用統計は発表の日時がはっきりわかっているので、その前後の時間はポジションを持たず、キャッシュポジション（資産を全部現金にしておくこと）で待機するという対処ができます。しかし、要人発言はそうもいきません。特にトランプ氏が大統領だった時は、その発言で為替相場がしょっちゅう乱高下していました。

要人発言は、誰がどんなタイミングで、何を言い出すかわかりませんし、それによって為替がどんな風に動くのか分析のしようがありません。

## 株式投資でbotトレードをするのは窮屈

その点、意外と思われるかもしれませんが、株式、それも指数よりも個別銘柄の方がまだやりやすくはあります。

個別銘柄には決算発表や不祥事発覚など、値動きのデータからは予測し得ない要素があります。けれども、参加する時間を限定すればそのリスクは限りなく低減できるのです。

これでどれだけ利益が取れるかはその時々の相場にもよりますし、それこそ機械学習で検証する必要がありますが、データ以外の変動要素を極力排除してストラテジーを構築することは可能です。

日本でも徐々に自作のプログラムをシステム連携してトレードできる証券会社がでてきました。ただ、証券会社が用意したシステム上で条件入力するものを「自動売買」と謳っているところもあり、それはｂｏｔ取引とはまた違ったジャンルになります。

株式投資にこだわるのならやってやれないことはないものの、現状としては仮想通貨の方がはるかにやりやすいですし、稼ぎやすいと思います。

## ｂｏｔｔｅｒは日々何をやっているか

ここで、botterである私が、具体的に何をどんな手順で行っているかを簡単に説明します。機械学習をトレードにどう使っているか、まだピンと来ていない人にも、botterがどうやって稼いでいるか（そしてなぜ強いのか）が、わかってもらえると思います。

①データを準備する

まず、過去のデータを用意して、自分のパソコンにダウンロードします。データがないことには、機械学習は何も始まりません。詳細なデータが大量にあるほど、botトレードの精度は向上します。

投資商品の場合、株でも為替でも仮想通貨でも、日々のOHLCV（始値・高値・安値・終値＋出来高）は入手が容易です。ですが、分単位あるいは秒単位のデータとなると、なかなか手に入りません。記録が残されていないものはどう足掻いても作ることができないので、諦めるしかありません。とりあえず入手できるデータで有効な投資戦略を探しつつ、同時にこれ以降のデータは自力で収集・蓄積していくこととします。

## ②投資戦略を見つける

「こういう条件でこういう売買を繰り返したら、資産が増えていくのではないか」という仮説を立てます。

機械学習ではこのアイデアは自分で見つけなければなりません。ヒントはそこかしこに転がっています。投資に関する書籍（一般書から学術書まで）や優秀なトレーダーのｎｏｔｅを読んだり、Ｔｗｉｔｔｅｒをフォローするのも有効です。

ただし、そのアイデアを機能させるためのデータがなければいけません。例えば「午前9時に買って30分後に売れば利益が出る確率が高い」という投資戦略を機械学習で実行するには、分単位の価格データが必要になります。データが限られていると、自ずと投資戦略も限られてしまうということです。

ちなみにｂｏｔｔｅｒの界隈では、影響力のあるｂｏｔｔｅｒが自分の手法のヒントを漏らしてしまうことを〝ポロリ〟と言います。なぜ、ｂｏｔｔｅｒが手の内を晒すリスクを冒してまでＴｗｉｔｔｅｒで発信するのか、不思議に思われる方もいるかもしれませんが、それについては後ほど説明したいと思います。

### ③ｂｏｔを作る

投資戦略に基づいて売買するプログラム（ｂｏｔ）を作成します。私はＰｙｔｈｏｎ（パイソン）というプログラミング言語を使っていますが、これまでに他言語でもプログラミングをかじったことのある人であれば、比較的容易に覚えられるはずです。

トレード用のｂｏｔを作るのは、そこまで高度ではありません。シンプルなものなので数百行、多くても千行程度です。しかも、ネット上にサンプルプログラムがありますし、任意の数値を追加するだけで初歩的なプログラムが動かせます。

また、そのまま動かせる実践的なコードが公開されていたりします。わかりやすい入門記事もありますので、これまでプログラミングなどやったことがないと言う人でもチャレンジしてみる価値はあります。

### ④精度を高める

ｂｏｔのコードは「Ｊｕｐｙｔｅｒ Ｎｏｔｅｂｏｏｋ」（ジュピター・ノートブック／以下、Ｊｕｐｙｔｅｒ）という、ブラウザ上で動作する対話型の実行環境で作成していきます。ここが機械学習のコアとなる部分です。Ｊｕｐｙｔｅｒは非常に画期的なプログラミングツールで、私はこれがあるからｂｏｔｔｅｒをやれていると言っても過言ではありません。

一般的にプログラミングは、黒い画面にアルファベットと数字と記号で黙々とコードを書いていき、一通り完成したらそれを「実行」して正しく動くかを検証、問題が見つかったら、黒い画面に戻って修正するという繰り返しの作業です。

ところが、Ｊｕｐｙｔｅｒを使うと、コードと実行画面が1つのタブの中に表示されるのです。ある投資戦略に基づいたｂｏｔのプログラミングコードが左側にあり、そのｂｏｔを過去データで動かしてみて資産がどう増減するかが右側のグラフに表れます。コードの一部を追加・修正すれば、それを反映してグラフの形が変わります。いちいち黒画面に戻らなくてもいいのです。

これによって仮説→実行→評価→改善のＰＤＣＡが、とても効率的に回せるようになります。そして、資産増減のグラフが右肩上がりを描くようなｂｏｔを幾つも作り上げるのです。

## ⑤実際の取引で動かす

ｂｏｔが完成したら、プログラムをＪｕｐｙｔｅｒから取引所のシステムに〝移植〟（コピペする）して、実際の相場でトレードをさせます。ただし、最初は〝試用期間〟として少額でしか運用させません。いくら過去データに基づいているといっても、実際に取引するのは〝今〟の相場です。いきなり高額を注ぎ込むのはリスクがあります。

ｂｏｔのプログラムにバグがあるかもしれません。きちんとタイムラグなしに発注するかどうか、発注はできても約定するかどうか、手数料を含めて利益を積み上げていけるかどうか、等々。また、取引所にはメンテナンスによる休止時間がありますが、再開したときにｂｏｔがきちんと再稼働するかどうかも実際に動かしてみなければ不安です。

何より、機械学習の基になっている過去データは、自分の取引が含まれていません。これは少額でトレードしているうちは関係ないのですが、運用規模が大きくなってくると、自分が参加することでバランスが変わってしまうことがあるのです。

特に仮想通貨は、株のように1つの取引所（日本株なら東京証券取引所）で売買されているのではなく、幾つもの取引所で売買がなされています。利用している取引所の規模が、自分が運用する資金規模に見合っていないと、取引が成立しません。botにどこまでの資金を入れられるかは、手探りで試していくしかありません。試験運用（私は〝2軍〟と呼んでいます）で上手くいったら、1軍に昇格させて大きな資金を入れ、本格運用を始めます。

### ⑥監視とメンテナンスを継続する

本格稼働させれば、あとはbotが勝手に稼いでくれます。とはいえ、やはり気にはなってしまうので、ほったらかしにはできません。

botが問題なく動いているか、順調に収益を上げているかは時間の許すかぎり監視しています。ただし、ここで私が見ているのは「ビットコインがいま幾らか」といった個別の値動きではありません。価格が上がろうが下がろうが、botはトータルで利益を上げるように作ってあるので、そこは気にしてもしょうがないのです。

ｂｏｔごとの投資戦略に拠って、あるいはその時々の相場状況に応じて、一日に何度も売買を繰り返しコツコツと細かな利益を積み上げていくものもあれば、数日に1度しか発注しないけれどもドカンと利益を上げるものもあります。野球でも一番打者と四番打者の役割が違うように、ｂｏｔにもそれぞれの個性や特性があります。ｂｏｔｔｅｒはいわば監督やマネージャーの立場で、それぞれのｂｏｔが調子を落としていないか、状況に適合できているかを見ています。

これまで主力として稼いでいたｂｏｔがあまり稼げなくなると、気が気ではありません。たまたま今の相場で活躍できないだけなのか、どこかにバグが発生してしまったのか、それともストラテジーが通用しなくなってしまったのか、等々。もちろん、少しの手直しで復活し、また以前と同じペースに戻ることもあります。が、そうでないと「本当にストラテジーが寿命を迎えたのか、自分が下手に手直しをしてしまったことで壊してしまったのか」で苦悩することになります。

性格にもよるのでしょうが、ｂｏｔが自動で稼いでくれるといっても、やることは結構あります。完全な左うちわでのほほんとしていられるわけではない、というのが現実です。

## 050

# 交流は控えめでも情報は必要な界隈事情

ｂｏｔｔｅｒが日々どんなことに取り組み、どのように稼いでいるかがおわかりいただけたでしょうか？　前述は著者自身の事例ですが、ほかのｂｏｔｔｅｒも総じて同じようなことをしていると思います。

不動産の投資家は、あちこちにグループを作って盛んにオフ会を催しているそうです。不動産物件はすべて〝一点モノ〟なので投資家同士は競合関係ではありません。しかし、数千万円～数億円もするものなので資金面からも維持管理面からも一人占めができるものではなく、優良な情報は仲間内で共有しようという文化があると言います。

不動産ほどではないにせよ、株式投資の界隈でも投資家同士が面識を持つ機会が少なくないようです。証券会社やイベント会社が専門家を招いてセミナーを開いたり、ブログやＴｗｉｔｔｅｒで知り合った仲間達が交流会や懇親会が開いています。こうした会合が具体的にどれほど収益に結び付くものかはわかりませんが、上場会社は３７８６社（２０２１年７月７日現在）もありますし、誰がどんな理由でどの銘柄に注目しているかといったことを知るだけでも役に立つのかもしれません。

ｂｏｔｔｅｒ界隈の交流はというと、不動産や株式投資家ほどは活発ではない感じです。まだｂｏｔｔｅｒの絶対数が少ない、ということも影響していると思います。たまに秘密のオフ会が開かれたという話も聞きますので、人それぞれといったところでしょうか。

私自身は、そのような会合に参加したことはありません。ｂｏｔｔｅｒが収益を上げるために日々やっている作業は極めて内向きなものですし、プログラム・コードは見せ合って盛り上がるものでもありません。何より肝となるストラテジーは、ｂｏｔｔｅｒにとって秘中の秘。他人に知られて先回りされたり対抗するプログラムを作られてしまえば、一瞬にして収益源が失われてしまいます。うっかりハッカーみたいな人と連絡先を交換したら、ウイルスを仕込まれてストラテジーを盗まれてしまうかもしれません。

では、私は他のｂｏｔｔｅｒとまったく繋がりがないか、繋がりを必要としていないのかというと、決してそんなことはありません。ｂｏｔを作るには、必ず〝ヒント〟が必要です。他人のちょっとした一言が、プログラムを劇的に改善するきっかけとなることもあります。

また、プログラミングや、黙々とバグを見つけて修正していく作業は、地道で息が詰まります。優良なｂｏｔを完成させれば〝お金が増える〟という、投資家にとってこれ以上ない成果がもたらされますが、やはり人間はそれだけでは満足できないのです。努力が実を結んで「やってやったぜ‼」と叫んでも、誰にも認知されないのは寂しいものです。

事情は同じなのでしょう。ｂｏｔｔｅｒの多くはＴｗｉｔｔｅｒをやっています。もちろんＴｗｉｔｔｅｒをやっていないｂｏｔｔｅｒも沢山いるのかもしれませんが、そうした人の存在は知る由もありません。

誰も調査したことがないのでこれは私の〝肌感覚〟でしかありませんが、アカウント数から数えられる範囲でＴｗｉｔｔｅｒをやっているｂｏｔｔｅｒはざっくり100人、Ｔｗｉｔｔｅｒをやっていないｂｏｔｔｅｒはその100倍くらいはいるかもしれません。根拠はありませんが、日本にはだいたい1万人くらいのｂｏｔｔｅｒがいるのではないかと私は思っています。

自分が行き詰まった時にどんなことで困っているかをＴｗｉｔｔｅｒで吐露すると、どこの誰かもしらない人から「改善のヒント」が飛んできたりします。フォロワーが多いほど、そうした恩恵を受けられる可能性があります。なので多くの人に「この人をフォローするとメリットがある」と感じてもらえるように、自分もヒントを提供します。ストラテジーの核心部分については触れられませんが、それでも見る人が見れば十分に役立ててもらえるはずです。

気を付けてはいますが、たまに勢い余って核心部分についても書いてしまうこともあり、それが〃ポロリ〃というわけです。気が付いたらすぐに削除するのですが、たいていは手遅れ。池の水に落ちた虫を魚が一瞬で食べてしまうように、ポロリを見つけたｂｏｔｔｅｒはすぐに保存しますし、見逃した人は地団駄を踏んで悔しがります。私自身もポロリを狙ってインフルエンサーをフォローしているので、こういうのはお互い様です。

それから、自分が苦心の末に優れたｂｏｔを開発し、大きな資産を稼ぐようになった時、多くのｂｏｔｔｅｒから「すごいですね！」「やりましたね」と称賛されると、やっぱり嬉しい。承認欲求を満たすためにＴｗｉｔｔｅｒをやっているというのは、偽らざる事実です。

ｂｏｔｔｅｒの界隈は仲間でもあり敵同士でもある、微妙な関係性で出来上がっているのです。

## Ｂ級・Ａ級・Ｓ級・ＳＳ級、界隈のヒエラルキー

界隈には、月々幾ら収益を上げているか（月次）によって、次のようなランク分けがあります。

Ｂ級……………月次10万円
Ａ級……………月次１００万円

Ｓ級………………月次１０００万円
ＳＳ級……………月次１億円
ＳＳＳ級…………月次10億円

ｂｏｔｔｅｒのＴｗｉｔｔｅｒを見ると、自分が何級かが書いてあるアカウントが多くあります。ＳＳＳ級を達成した人は、まだ見たことがありません。私はもちろんここを目指していますし、皆さんにも是非狙って欲しいと思います。

自分が何級であるかはあくまで自己申告ですが、背伸びしたところで何もトクすることはありません。今のところ実力もないのに評論家を名乗り、有料メルマガやサロンや情報商材で稼ごうとする輩がいないのが、ｂｏｔｔｅｒ界隈が健全なところです（あくまで〝今のところ〟ですが）。有料で「ｎｏｔｅ」を販売している人もいますが、内容に嘘があったり実力を盛っていればすぐ捲れます。

Ｔｗｉｔｔｅｒで「ようやくA級に昇進した。次はS級を目指す！」などと呟くと、どこぞの誰かから「おめでとう！」「がんばれ!!」などのリプライが届き、頑張るモチベーションになったりします。

いくら自分の身の回りの友人や知人に「仮想通貨で毎月○万円稼いでいる」なんて言っても、「ああ今、流行っているらしいね」（でもいずれバブルが崩壊して破産するんだろうな）といういかがわしい視線を向けられるのが関の山。ましてやｂｏｔ使いとなると、仮想通貨投資家の中でもほとんど理解されません。

プログラミングの知識のない人にｂｏｔを説明するのは本当に難しい。必要以上に踏み込むと「俺、そういうのわかんないから」とシャットアウトされてしまいます。なのでｂｏｔｔｅｒは、あえて知らない人にまでｂｏｔトレードの魅力を語らないのではないかと思います。ただし本書は、あえてその困難に立ち向かおうとしています。

B級からSSS級までそれぞれの基準は、10倍ずつになっています。ランク１つを上がるには、相当に研鑽を重ね、経験を積まないと叶わないと思われるでしょう。確かに簡単ではありませんが、優秀なｂｏｔを作り上げることができさえすれば、あっという間に駆け上がることが可能です。

事実、私は3月半ばから始めて4月いっぱいは無収入でしたが、5月にA級になり、12月にはSS級に到達しました（経緯の詳細は第2章で説明します）。優秀なＢｏｔを1つ完成させるたびに収益源が増え、増えた資金が再投資に回ってどんどん増えていくのです。コツコツ積み上げていくような増え方ではないので、10倍ずつのステップでも駆け上ることが可能です。

有名な仮想通貨のｂｏｔｔｅｒや裁量トレーダーの多くは皆、Ｔｗｉｔｔｅｒなど SNSで収益報告をしています。情報を掻き集めて見る限り、裁量トレードのカリスマと言われる人たちでも、コンスタントに月次1億円以上を稼いでいる人は〝SNSで確認できる限り〟は見当たりません。

では、ｂｏｔｔｅｒが裁量トレーダーを下に見ているかと言えば、絶対にそんなことはありません。裁量トレーダーは日々相場と真摯に向き合い、そこから値動きの規則性を探したり、勝てるトレード手法を編み出したりと、無から有を生み出す努力をされています。優秀なｂｏｔｔｅｒほどそれがいかに困難で価値あることかを知っていますし、リスペクトしています。

我々ｂｏｔｔｅｒは裁量トレーダーが編み出した、そうした規則性や手法をヒントに検証し、改良を加え、それを自動化して収益を上げています。先に投資戦略のアイデアはどこかから探してこないといけない、どういう条件であれば資産が増えるかといった〝目の付けどころ〟こそ機械学習の肝であると書きましたが、裁量トレーダーのトップランカー達はそれを見つける天才です。

例えば、サルサテキーラ（@SalsaTekila）という著名トレーダーがいますが、謎の人物です。ツイートから察するに、日本人ではないでしょう。わかっているのはそれくらいです。

氏は2020年夏の数カ月トレードで、数千ドル相当のビットコインを10万ドルに増やしたことが伝説になっています。botterであればせいぜいA級〜S級ですが、氏は11万5000人のフォロワーを有しSS級botterなどは比べるべくもない強大な発信力を持っています。

それはひとえにサルサテキーラ氏の相場観や着眼点が卓越していて、傾聴に値するものだからです。botterの多くも氏をフォローし、いつもツイートに注目しています。そして、ヒントとなるツイートが発信されれば急いでストラテジーに落とし込み、機械学習に掛け、botを制作するのです。月次の収益が氏を上回っているからと勝ち誇っているbotterはいないはずです。

＊　＊　＊

ここまで、一般にはあまり知られていないｂｏｔｔｅｒの世界観について述べてきましたが、何となくイメージを掴んでいただけたでしょうか？

ｂｏｔｔｅｒは一人でコツコツと取り組んでいる人が多く、横のつながりが希薄です。なので本章に書いたのはあくまで〝私の知る範囲〟なのですが、マトは外していないはずです。

次章では、私ことｒｉｃｈｍａｎｂｔｃがこれまで何をやってきたのか、預貯金が底を突きかける大ピンチからｂｏｔｔｅｒになり、６週間で仕事をしなくても生活していけるセミリタイアを勝ち取り、半年後には〝月次億り人〟になった経緯をお話していこうと思います。

# CHAPTER 2

## 預金の“底”が見え3カ月で私はbotterになった

# 私がbotterになるまでの話

本章では、自分自身のことについて、お話しようと思います。

多くの人にとって、botterはまだ〝謎の存在〟であるはずです。私自身もbotterですが、他のbotterがどんな人なのか、ほとんどと言っていいほど知りません。

前章で触れたようにbotterの界隈は横の繋がりがそれほど活発ではないようで（一部にはあるようですが）、表立っての交流はTwitterでのやりとりがメインです。それも熱く議論を交わすというよりは、ポロリに気を付けながら慎重に、なるべく少ない言葉を投げかけて、より多く相手の反応を引き出そうとしている人が多いように思います。あくまで私が見受けた印象です。

フォロワーが多いほど投げ掛けに対して多くのリプライをもらえるので、もっと自分を知って欲しい。大きな利益を上げたら、利害関係のない多くの人たちに「すごいね！」と言ってもらいたい。でも、注目され過ぎて変な人に粘着されるのは嫌だし、プライベートを穿られるのは勘弁してもらいたい。

要するに、広く知ってもらいたいけれど深くは知られたくない、言うことは聞いて欲しいけどあれこれ聞かれたくはない、というわけです。この面倒臭さが、我々botterたちが狭いコミュニティで薄い関係を保っている理由かもしれません。

ですが、私は「日本にはもっとbotterが増えるべきだ」という考えを持っています。詳しい理由は第三章と第五章に書きますが、bot取引にはとてつもなく大きなチャンスがあります。

素養があるのにそれを生かす場に恵まれていない人たちには、ぜひbotterを目指して欲しい。一生を生きていくのに困らないだけの資産ができた人たちが、何にお金を使い、どんな世界を作っていくのかを見てみたい。失われた30年で元気も覇気も吸い取られ、GAFAMを始めとするゲームチェンジに完全に乗り遅れてしまった日本が、ここから一気に挽回して再び表舞台に戻って世界をリードしていく〝足掛かり〟にもなり得ると、私は考えています。

それには、もっとbotterのことを知ってもらわないといけない。若い人たち、とくに理系出身の学生に「こういう選択肢もあるのだ」というロールモデルを示したいと思うのです。なので、正直を申せば私も自分のことはあまり多くを書きたくはないのですが、一人のモデルケースとはいえ「ｂｏｔｔｅｒってこんな人がやってるんだ」というイメージを持っていただけたら幸いです。

## プログラミングは小学生の頃から

私は小学生の時に、プログラミングなるものを知りました。たまたま親が買った入門書や雑誌が家にあって、面白そうだと思って手に取ったのがきっかけです。親がそうした本や雑誌を買ったのは、おそらく、流行っていたからだと思います。１９９５年に「ウィンドウズ95」が発売されて、ＧＵＩ（グラフィック・ユーザー・インターフェイス）の登場が、それまでコマンドを打ち込んで動かすものだったパソコンのあり方を劇的に変えました。そうした中でＧＵＩを使ってソフトウェアを自作しようという人たちがいて、入門書や専門誌がたくさん出ていたのだそうです。

それを、小学生だった私が手に取って「なんだか面白そう」と感じたのです。決して子ども向けではありませんでしたが、肝心なのは解説ではなくプログラミングの部分です。入門書ですからVisual BasicやDelphiといった開発ソフトに触れるのは、想定読者である大人も初めてのはず。かなり噛み砕いて、簡単に書いてあったのです。

私が恵まれていたのは、興味を持ってやってみたいと思った時に、パソコンを自由に使わせてもらえる環境があったことでした。

プログラミングを始めた当初の目標は、自作の「3Dゲーム」を完成させることでした。ですが、そのためには三角関数やベクトルの知識が必要です。好きこそものの何とやらで勉強するうちに、次第にゲームを作る意欲は薄れ、代わりにコンピュータを使った物理演算に夢中になりました。

そんなことをしながら、私は中学・高校時代を過ごしました。プログラミングに夢中になるということは、数学や物理に夢中になるということです。プログラミングのコードは英語ですし、情報ソースは英語で書かれているものが大半なので、英語の読み書きにも慣れます。そういうわけで、私は特に努力しなくても、成績は常に上位でした。

地方の公立校では成績に応じて、ほとんど自動的に進学先が割り振られます。中学の成績上位○人は、当たり前のように県内の進学高校に進みます。そこでは教師達が1年生の頃から、さも全員、東大を目指すことが普通であるかのようなコミュニケーションを取ってきます。そして成績上位○人に入ると東京大学を受験することを半ば義務付けられます。

毎年○人と東大に送り出しているような学校だと、先輩たちから受け継がれた東大合格のノウハウが蓄積されているので、特に塾や予備校に行かなくても受験対策はできてしまうのです。

## 大学院を修了しIT企業に就職

そんな感じで私は東京大学に進学して卒業しました――と、このように書くと「子どもの頃からプログラミングをやって、あっさり東大に合格するくらいでないとｂｏｔｔｅｒで稼ぐなんて無理じゃないか」と思われるかもしれませんが、決してそうではありません。

確かに、子どもの頃からプログラミングに親しみ、大学や大学院でもその分野を専門的に学んだので、機械学習に対する心理的なハードルは皆無でした。この世界に入っていきやすい素養はあったと言えます。ですが、本書を手に取られた時点で、読者の皆さんもその入口には立っています。

プログラミングの知識は、ｂｏｔｔｅｒをやる限りはそこまで高度なものは求められません（もちろん、何らかの知識や経験がある人はそれだけアドバンテージはあります）。なぜなら機械学習では、計算は機械（コンピュータ）がやってくれるのです。ですからそれを利用する人は、機械の特性を理解して正しい使い方ができれば事足ります。

ｂｏｔｔｅｒとしての素養はプログラミングの知識より、むしろ相場で価格が決定する仕組みを知っているだとか、ストラテジーを探してひたすら機械学習にかけ続ける努力ができること、現実のお金を投じる度胸や一時的なドローダウンで現実の資金が溶けても挫けない忍耐力といった素養の方がよほど重要です。そのことは、本書を読み進めていけばおいおい理解していただけると思いますので、先へ進みます。

就職活動は周囲の院生たちの評判や自分が知っているという理由で、業種などにはこだわらず面接を受けにいきました。

いろいろな会社を受けて最終的に入社したのは、とある大手ＩＴ企業でした。新卒の初任給としては高給の部類に入る年収をもらえることになりました。ですが、例えば米国シリコンバレーでは、ＰｈＤがあれば25万ドルの年収で採用されることもあると聞きます。

生意気に聞こえるかもしれませんが、慣れ親しんだ日本で生活できる点を差し引いても、毎朝満員電車にもみくちゃにされながら出社して、朝9時から夕方5時まで8時間（もちろん残業もあるでしょう）、命じられた業務をこなさなければいけないのなら、年収１０００万円をもらっても釣り合わないと思っていました。

## 3年で退職、3つの選択肢

最初に配属されたのは、ウェブアプリケーションを開発する部署でした。

その1年後、今度はウェブアプリケーションサービスの運用を担う部署に異動になりました。サービスは定期的にアップデートされるのですが、企画担当者が細かなパラメータ（サービスを機能させる数値）を指定してくるので、それをプログラムに組み込む仕事です。泥臭い作業を黙々と続けました。

そうして3年目に、私は退社したのです。理由は1つではありませんが、いろいろなストレスが溜まっていました。

入社して間もないある日のこと、新入社員が集められてミーティングがありました。そこで人事部の人に「1つのことをどれくらい継続したら、あなたは〝長い〟と感じますか？」と聞かれました。

私は内心「3カ月」と思ったのですが、これは人事部が社員の忍耐力を知ろうと思って聞いているんだと察して「半年です」と答えました。自分としては「これくらい盛っておけば褒められるだろう」と思ったのですが、人事部の人は「短っ!!」と驚かれました。私も相手も「え?」という顔をして、しばし固まっていたのを覚えています。

そんな感じですから、1つの職場に3年も勤務したのは、私としては十分過ぎる年月でした。いい経験でしたが、長居し過ぎたとも思います。

さて、会社を辞めた私は、当然ながら収入がなくなります。何かをして稼がなくてはなりません。私が取るべき選択肢は次の3つでした。

①転職する
②起業する
③投資で稼ぐ

①が、いちばん現実的で確実な選択肢でした。転職市場では30歳手前が最も需要のある売り手市場で、経験のあるITエンジニアであれば引く手はあまたです。

一応、退職の翌月から活動を始めて転職エージェントにも登録したのですが、自分としてはできれば避けたい選択肢でもありました。3年間やってみてサラリーマンはもう十分という思いでしたし、性に合っていないのもわかったからです。

私のQOL（Quality Of Life）では、睡眠がかなり大きな割合を占めます。眠りたい時に、眠りたいだけ眠ることが、私の幸せです。そしてやっかいなことに、私のからだはどうやら25時間周期になっているようなのです。毎日、決まった時間に寝て決まった時間に起きる規則正しい生活では、毎日1時間ずつ睡眠不足が溜まっていきます。会社勤めをしていていつも体調が優れなかったのは、これに原因がありました。

となると、残る選択肢は②起業か③投資です。両方の可能性を同時に模索することにしました。

## 起業か、投資か？　両方を目指す

今にして思えば、自分の中に「起業」という選択肢ができたのは、とある起業セミナーに参加したことだったかもしれません。たまたま仕事の手が空いた時に、名前を知っている起業家が登壇するというので何の気なしに参加したのでした。

その起業家は、20代半ばで会社を立ち上げ、作家として執筆した書籍はベストセラーにもなっていました。自分とほぼ同世代の人の、人生を切り拓いていく生き方に「かっこいいなあ」と思いました。

退職した時には「さあ起業するぞ！」という感じでもなかったのですが、頭のどこかにその選択肢はあったのだと思います。

## 起業するなら今が好機！

じつは、私には〝起業の種〟になり得るものがありました。趣味的に作ったプログラムを、ウェブサービスで無償提供していたのです。販売してはどうかと助言してくれる人もいたのですが、お金に執着がなかったので「必要な人が使ってくれればいい」と無償で使えるようにしてあったのでした。

一部の人たちにはとても便利に使ってもらっていたのですが、ある時ふと思い立ってこれを有料化してみました。明確な理由は忘れてしまったのですが、起業の可能性を探ってみたいと思ったのでしょう。

これまで無料で使えていたサービスがバージョンアップして付加価値が付くでもなく、ただ有料になっただけだと途端に見向きもされなくなるのが常です。そういうこともあるだろうなと覚悟はしていたのですが、幸いにして私のウェブサービスにはお金を払ってでも利用してくれる人がそこそこいました。なので、このサービスをもっとブラッシュアップすれば、事業として成立するのではないかと思いました。

定期的に会っていた転職エージェントの担当者に、この話をしてみました。その人はスタートアップ企業にコネクションを持つ人だったので、事業計画書を見せ「これで起業する道もありでしょうか？」と聞いてみたのです。私が転職でなく起業を選んでしまうと、転職エージェントには紹介フィーが入らなくなってしまうのでやんわりと諌めつつ、事業計画書については「よくできている」と褒めていただきました。

その上で「起業するなら、もっと準備に時間をかけた方がいい。セミナーで学んだり、イベントに参加して人脈を築いたり、スタートアップの世界を見た方がいい」とも言われました。実はその担当者も、転職エージェントでコンサルタントとして働きながら、起業を目標にもう何年も準備をしているということでした。

そのアドバイスを聞いて、私は逆に「起業するなら、今すぐにやらなくてはダメだ」という気持ちになりました。どこまで準備をしても万全にはならないでしょうし、準備をしている間に状況が変わって別の準備が必要になることだってあるはずです。人脈にしても、これから事業を始めようという人と、すでに事業を始めている人が築けるそれは違うはずです。

〝準備が整うのを待ってから〟では、いつまでも始められない。経験値の積み上げなど、早く始めたことで取れるアドバンテージもあるはずだ。私は「少々粗削りな計画かもしれないが、まずは会社をスタートさせて、あとは走りながら考えよう」と思ったのです。

すぐに会社を登記して、本格的にサービスを売っていくことにしましたが、少しずつは売れるものの生活費には足りません。ちなみに当時の生活水準ですと月20万円が必要でした。

売上は、最初の何もやっていない段階で月数万円にしかなっておらず、足りない分は貯金を取り崩す前提です。それが尽きる前に、何としても生きて行く術を見つける。それができない時には、サラリーマンに戻ることを覚悟しなければなりません。この時期はモヤシばかり食べて命を繋いでいました。

不退転の決意で臨んだものの、サービスの売上は思うように伸びてくれません。1つのサービスと心中してはいけないと思い、新しいウェブサービスを幾つか開発しました。プログラミングの良いところは、パソコンとネット環境さえあれば、元手がなくとも売り物を作り出せるところです。

試行錯誤を経て、少しずつ売上が立つようになりました。まだ目標とする生活費には足りないものの、創業1年が過ぎてようやく可能性が見えました。

## 機械学習との出会い

ほぼ同じ時期に、1つ目のウェブサービスにも進展がありました。ある業界誌のインタビューを受けたことをきっかけに、「一緒にやろう」と言ってくれる企業が現れたのです。

一緒に、というのは具体的には協業か提携か買収ですが、界隈では歴史も知名度もある企業なので、いずれにしても悪い話ではありません。開発の経緯からして思い入れのあるサービスでしたが、その企業が買ってくれるなら、500万円程度でも売却したかもしれません。

とてもお金に困っている事情もあり、すぐにも話を進めたかったのですが、どうやら先方がほかのことで手一杯だったらしく「その話はちょっとの間、待ってくれ」と言われました。仕方がありません。

生活費を稼がなければという中で、フリーランスのプログラマーとして仕事を探したりもしましたが、結局、3つめのウェブサービスを伸ばしていくのが、いちばん見込みがあるという結論に達しました。

どうしたらサービスの精度を高めていけるかを考える中で、機械学習を使うことを思いつきました。機械学習の何たるかはもちろん学生時代から知っていましたが、実際の運用を見たのはサラリーマン時代です。AIに関する部署と仕事をしたときに、同僚が「Kaggle」(カグル)というプラットフォームを使っていたのです。

Kaggle(Googleの下部組織)とは、機械学習のツールでありコミュニティでもあります。世界中からプロアマ問わずデータサイエンティストや研究者が集い、企業や政府が提示した課題を解決する分析モデル(計算式/計算方法)を競っています。最も優れた分析モデルを開発したチームには、賞金や景品が贈呈されます。

例えば以前、メルカリが総額10万ドル(約1000万円)を賭けて「商品の適正な販売価格を予測する分析モデル」を募り、世界の2384チームが成果を競ったことがありました。

メルカリで何かを売ったことがある人ならピンとくるかもしれませんが、アプリで商品を登録すると「最も売れやすい値段」として値付けの提案をしてくれます。過去に売れた同じ商品／似た商品の価格、現在出品されている類似商品の数、閲覧数や「いいね」が付いている数、色やサイズによる人気度といったデータを基に、どの要素をどのように加味して価格に反映させれば最良のマッチングになるかを、アルゴリズムが導き出しているのです（実際にメルカリのアプリにＫａｇｇｌｅで選ばれた分析モデルが実装されているのかは知りません）。

と、これだけ聞くと相当に腕に覚えのある人でないと参加できない、敷居が高過ぎると感じますが、Ｋａｇｇｌｅが凄いのはこれだけではありません。クラウド上に計算環境があるので、任意のデータをアップロードして過去に開発された分析モデル（公開されているものです）やそれに手を加えたオリジナルの分析モデルで動かしてみることができます。「ディスカッション」のコーナーで質問すると、データサイエンティストからアドバイスを貰うこともできます。

限られた紙面を以ってＫａｇｇｌｅの何たるかをこれ以上説明することはでき

ないので、興味のある方は是非ご自分で入門書を読んでみてください。『Kaggleで勝つデータ分析の技術』(門脇大輔、阪田隆司、保坂桂佑、平松雄司著/技術評論社)という本が参考になります。

私は自分が提供しているウェブサービスの精度を高めるために機械学習を使えないかと思い立ち、Kaggleに参考となる分析モデルがないだろうかと覗いてみたわけですが、そこで気づいてしまったのです。

——これって投資に使えるんじゃないか⁉——

## 株式は投資効率が悪かった

Kaggleには〝変動するモノの価格を予測するアルゴリズム〟も公開されています。株や仮想通貨も価格が変動するモノですし、必要な価格データも十分に揃っています。公開されているアルゴリズムを改良していけば〝勝てる投資戦略〟を見つけ出すことも可能なはずです。

私は、Ｋａｇｇｌｅとほぼ同じように使うことのできるＪｕｐｙｔｅｒを用いて、自分のパソコンで計算することにしました。

最初はお試しで株式投資でやってみました。理由は以前に半年間ほど自動売買で運用してみたことがあり、株式投資のルールやセオリーについて多少わかっていたからです。

自動売買の時にやっていたストラテジー（投資戦略）の一つは、取引終了直前の10分間で急騰した銘柄を買い、翌営業日の取引開始時に売るというものでした。昔の話で記憶が少し曖昧でもあり、詳細はもう少し違っていたかもしれませんが、現在使っている機械学習モデルとは比較にならないほどシンプルで原始的です。日々の相場を見ていて偶然に思い付いたアイデアですが、幾つかの銘柄を見ている限り、そこそこ通用しそうな気がしました。

---

【仮説①】　業績に関係しそうなリリースは取引終了後に発表されることが多い。そうした情報を前もって掴んだ投資家は、取引終了間際に先回りして買ってくる

ので株価は急騰する。取引終了後にリリースでその事実を知ったその他大勢の投資家は、翌営業日にドッと買ってくるので取引開始時の価格は前日よりも高くなる。そこで前日に買った株を売れば、価格差が取れる。

ストーリーとしても「なるほど、そういうこともありそうだ」と思わせるものではないでしょうか? けれども、実際にやってみると投資成績はあまり振るいませんでした。これも「こういうことかもしれない」という仮説ですが、以下のような理由が考えられます。

【仮説②】 株式相場には「好材料出尽くし」という現象がある。その銘柄が期待先行で買われていて、その期待通りの発表があると「当面はこれ以上の好材料は出ないだろう」と思われて、逆に売られてしまう。何か発表がありそうだという日の取引終了間際にワッと買いが集まって急騰し、翌営業日に好材料出尽くしで売りが集まると、【仮説①】の投資戦略は失敗に終わる。

こちらもまた「なるほど、確かにそういうこともあるかもしれない」と思わせるストーリーではないでしょうか？

今であれば、過去数年分／全銘柄の株価データから「取引終了○分前から○％以上急騰した全銘柄を買い、翌営業日の始値で売ったら投資資金はどれくらい増減しているか」を検証するところですが、機械学習なくしては不可能です。

当時の私は数日間／数銘柄を見ただけで「これはどの銘柄にも通用する可能性の高い投資戦略ではないか」と思っていました。勝てるはずがありません。

機械学習が投資に使えることに気づいて、過去の取引データから〃勝てる投資戦略〃を見つけ出すやり方で、そこそこの勝率（月次10％程度）を上げられることはわかりました。

しかし、同時に手持ちの資金１００万円（レバレッジ最大3倍で３００万円、最低証拠金含まず）から安定して毎月20万円以上を稼ぎ出すのは難しい／効率が悪いこともわかりました。理由は以下の通りです。

①レバレッジが最大3倍までしか効かせられない
②取引手数料が割高
③取引できる時間が1日5時間×週5日しかない
④証券会社がプログラム売買を認めていない

これは予想通りでもありましたので、株式投資で試しながら仮想通貨の準備を進めました。

## 仮想通貨で勝てる投資戦略を探す

株式は証券取引所で売買が行われていて、投資家は証券会社を通じて注文を出します。「PTS」（私設取引システム）のように証券会社が顧客同士の注文を合致させる取引の仕組みもありますが、基本的には証券取引所で価格が形成されます。

他方、仮想通貨の場合は証券取引所に相当する場所はなく、私設取引所のPTSで取引されています。私は2018年に〃お遊び程度〃に仮想通貨を買ってみたことがあり、その時に開設した口座が残っていました。

そこでこの口座を使ってビットコインの取引をすることにしたのですが、肝心の投資戦略がなければ何も始められません。

3月半ばから約1カ月半、来る日も来る日も、考えつく限りのストラテジーを機械学習にかけ続けました。ある投資戦略を思い付いたら、特徴量やパラメーターを少しずつ変えたバージョンを幾つも作り、過去の価格データを基に〃このストラテジーで投資していたら儲かったか否か〃を検証していきます。

プログラムの構造自体はそれほど複雑ではないのですが、計算量が膨大なので結果が出るまでには時間がかかります。パソコンの能力にも拠りますが、1つのバージョンにつき約2時間。結果が出るのを待つ間に別バージョンを作ったり、新しい投資戦略を探すのです。

どれだけ時間をかければ、幾つの投資戦略を検証すればそれが見つかるかは誰にもわかりません。１００時間やって見つからなかったものが、１０１時間目に見つかるかもしれません。あるいは５００時間やっても見つからないままかもしれません。

ｂｏｔｔｅｒ開始時の手元資金は、約１００万円でした。これを使い切るまでが勝負です。その資金は投資だけに費やせるものではなく、生活費でも減っていきます。このままでは、半年も持たないことは明らかでした。

まずは1カ月に最低20万円を〝確実かつ安定的に〟稼げるストラテジーを何としても、かつできるだけ早く、見つけ出さなくてはならなかったのです。

1日16時間、1カ月で３００ほどの投資戦略を試行しました。睡眠もパソコンが計算している時間中に取って、終わったら次の投資戦略を検証にかけてまた寝る、という細切れになりました。

好きな時間に好きなだけ眠ることがＱＯＬの大部分を占めていた自分ですが、

この時はストラテジーの開発に夢中になっていたのでとくに〝頑張っている〟という感じでもなかったです。就寝前に機械学習にかけた計算結果を見るのが楽しみで、毎朝すぐに起きました。

ただ、途中で飽きずに継続できたのは、お金が必要だったからだと思います。株の自動売買を試していた時は、稼ぐところまで行かずに飽きてしまっていたので。もし、この時にお金が十分にあったら、もっとのんびりやっていたかもしれません。

## 試行錯誤と葛藤の日々

ストラテジーの研究を始めてわりと早い段階で、私は大きな気づきを得ました。統計では、ある現象（例えば利益が出た）が発生した時、それが偶然に出たものか、必然的に意味があって出た数値なのかを判断する値を「p値」と言います。p値が高いと利益が出ても「本当にストラテジーの実力でそうなったのか」確証が持てません。そこで検証対象の時間を5つの区間に分けて検証を実施することで、そのストラテジーが安定して稼げるものか否かをテストするのです。私はこれをp－mean法と名付けました。

また、Kaggleで有名な手法、Adversarial Varidationをヒントに、時系列予測での汎化性能を上げる手法も考えました。簡単に言うと、特徴量から「時刻を予測できないような特徴量を選択する」という手法です。特徴量の分布が時刻に依存しづらくなるので、実運用時の特徴量分布が機械学習時の分布と近くなり、汎化性能が上がることが期待できます。

この2つの手法は、現在まで継続して使っています。私は研究を開始してからたった3日で、重要な気づきを2つも得ていたことになります。

さらに試行錯誤は続きました。フォワードテストではバックテストとの乖離のみを検証すると、検証期間が短くて済むことがわかりました。フォワードテストはバックテストの未知パラメータの推定にも使えます。例えば、フォワードテストの乖離を取引回数で割って、売買コストとしてバックテストに組み込めばいいのです。

研究開始から2週間、システムトレードでは①リークのないバリデーション、②相関係数の改善、③シャープレシオの改善、④ミスなく実装することが重要であるとわかりましたが、実際にはまだ利益を出すには至っていません。Ｊｕｐｙｔｅｒでのバックテストではうまく行くのですが、取引所に移植して現実の相場で運用するとその通りにはいきません。その原因がどこにあるのかを探し、悩む日々が続きました。

バックテストとフォワードテストの乖離のポイントは、①元データの違い、②特徴量の違い、③シグナルの違い、④約定の違い（取引所によって価格変動にタイムラグが生じる）です。①②③はバグとして扱い、④はコストとしてモデル化しました。

それでもどうしても解決できない課題として、値動きによってｂｏｔが注文を入れたとしても、約定は〝先に入っていた指値注文〟が優先される早いもの順なので、自分の取引が成立しないまま価格が動いてしまう、といった問題がありました。

例えば価格があるパターンを経て「いったん101円まで下がり、そこから103円まで上昇する」というシナリオを予測したとします。パターンに合致した瞬間にｂｏｔは101円に〝買い〟の指値注文を入れるのですが、その時点で他の投資家の指値注文があって、自分の注文は行列の一番最後に入ります。そして順番が回ってこないまま、価格は反転上昇していってしまうのです。利用者の少ない取引所なら比較的早く順番が回ってきますが、そうすると今度は動かせる金額が小さくなります。

分足など価格の変動データだけでは、検証できない現実です。ビットコインの値動きを観察していると、板情報（Ｑｕｏｔｅｓ＝投資家が入れた指値の注文状況）が強く影響していると思えてなりませんでした。

トレーダーの大多数は板情報を見てトレードしているので価格に影響しないはずがないのですが、データの取得に少し手間がかかるので分析対象とする人が少ないのでしょう。私が自分でデータを蓄積→機械学習で分析し、板情報を生かしたストラテジーが構築できれば独壇場になるかもしれません。

板情報の問題には最後まで苦しめられました。Ｊｕｐｙｔｅｒによるバックテストと、少額の資金を動かしてみるフォワードテストの乖離がなかなか埋まりません。なかなか結果が出ない中、解決策を探して情報収集する中で、勝っているｂｏｔｔｅｒの多くがｂｉｔＦｌｙｅｒ（ビットフライヤー）という取引所を使っていることを知りました。

そこで自分もすぐに口座を開設して、これまで使っていたストラテジーをそのままｂｉｔＦｌｙｅｒに移植して動かしてみました。すると、いきなり利益が出るようになったのです。

読者の皆さんは「同じビットコインを同じストラテジーで取引しているのに、取引所が変わるだけで利益が出たり出なかったりするものか」と不思議に思われるかもしれません。ですが、実際にこういうことがあったのです。考えられるのは「手数料体系の違い」と「刻み値の幅の違い」が私に有利に働いたということです。順を追って説明します。

## 取引所を変えたら利益が出せた理由

理由の第1は「手数料体系の違い」です。

株式投資やFXをしたことがある方なら注文方法に「指値」（さしね）と「成行」（なりゆき）があるのはご存知だと思います。その価格に到達しなければ成立しないが、自分が指定した価格で取引できるのが指値注文、厳密に幾らで取引が成立するかはわからないけれど、とにかく買えること／売れることを最優先にするのが成行注文です。

そして多くの人は聞き慣れない用語だと思いますが、それまで使っていた取引所（以下、旧取引所）には「マイナス手数料」なるものがありました。これは成行注文の手数料が少々割高（0・075％）に設定されている代わりに、指値注文が成立すると逆に手数料（0・025％）が貰えるシステムです。

それなら全部指値注文で売買すればいいいじゃないかと思われるかもしれませんが、儲かりやすい相場ほど指値注文だと取引が成立しにくく、チャンスを逃しやすくなります。

例えば買いの場合、指値注文は現在の取引価格よりも安いところに入れておき、下がってくるのを待ちます。ところが多くの人が「買いたい」と思っている時には価格はどんどん上がっていきますので、安いところで待っていてもなかなか取引が成立しません。逆に売りの場合は、現在よりも高い価格で注文を入れて価格が上がってくるのを待ちますが、皆が売りたいと思っている時に高値に戻るのを待っていても成立せず、ポジションを持っていると利益が目減りしたり損失が拡大してしまいます。

比較的のんびりと投資をするならいいのかもしれませんが、少ない資金で頻繁に売買して利益を積み上げて行こうというbot取引には向いていない手数料体系だったのかもしれません。

理由の第2は「刻み値幅（呼値幅）の違い」です。

刻み値（呼値）というのは、取引価格の表示単位のことです。bitFlyerは旧取引所よりも刻み値が細かく、より小さな価格単位で注文が入れられました。

刻み値が大きいと投資家の需要（注文数）がまとめられてしまうので、どうしても「ドカン、ドカン」という大ざっぱな値動きになります。ところが刻み値が細かいと同じ価格帯の中で投資家の需要（注文数）が分散されるので、「カタ、カタ、カタ、カタ……」という頻繁な値動きがあります。

数日に1回しか売買しないトレーダーにはどうでもいいことかもしれませんが、botterは値動きさえあれば1日に何百回でも何千回でも取引できます。刻み値の細かさはトレード回数の多さ、つまり利益を上げられるチャンスが多いことを意味します。また注文が分散しているぶん、1つの価格に入っている指値注文は少なく、最後尾に並んでも約定しやすいのです。

## 念願のセミリタイアを決めた日

最初にbitFlyerでbotを動かしたのは、2020年4月25日午後7時29分38秒でした。そして数分後には「この取引所でやればコンスタントに利益が上げられそうだ」という見込みが立ちました。これまで試してきた投資戦略の模索が無駄ではなかったことが実感できて、テンションが上がりました。

　ですがまだ調整が必要ですし、それまで使っていたストラテジーをそのまま移植しただけなので、ｂｉｔＦｌｙｅｒのシステムに合わせたバグ取り作業が必要でした。まる２日半、ひたすらバグを取り除きました。

　そして４月27日午後６時頃にその作業が終わり、これまでギザギザに上昇していた損益カー

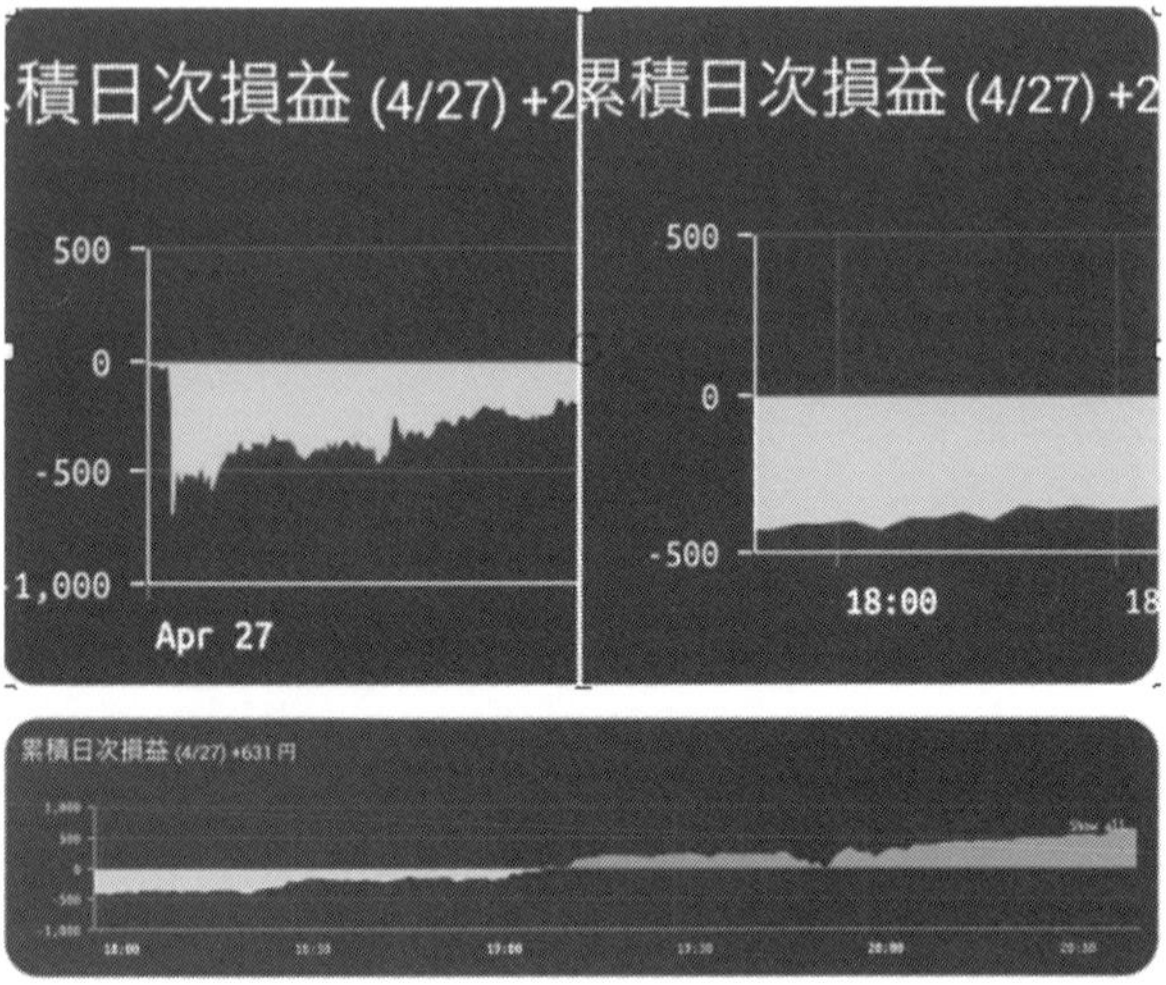


【上】バグを取り除く前（左）と後（右）。どちらも右肩上がりだがバグを取り除いた後はなめらかな上昇になっている。【下】ついに損益がプラスに転じた瞬間（グラフ中央）。グラフの一番右でもプラス500円だが、私は「これでセミリタイアできる！」と確信した。

ブが滑らかな右肩上がりに変わりました。

さらに約1時間後の午後7時13分頃、ずっとマイナスだった累積日時損益がとうとうプラスに転じたのです。まだ100円ほど儲けただけですが、私はこのＢｏｔをｂｉｔＦｌｙｅｒｂｏｔと名付け、念願の「セミリタイア」を確信しました。

セミリタイアとは言うまでもなく、この先の人生を働かなくても生きていけるだけの資産を手にした（あるいはその目途が立った）ということです。投資を始めて1カ月、ずっと勝てなかった男がたった100円の利益を得て「俺、もう一生働かなくてもいいんだ」なんて言ったら、世間の人は〝こいつは頭がおかしいんじゃないか〟と思うに違いありません。

ですが、私は知っていました。自分がついに大金鉱脈を掘り当てたのだということを。この100円は、その端っこなのです。当時の私はこんなツイートを残しています。

〝ｂｏｔが儲かるとこんな気持ちになるんだな。意外と冷静。それと同時にセミリタイアしたんだということを、頭では理解しているが体がついていかない感じ。バックテストで良い結果が出たときのほうがテンション上がる〟

とはいえ、まだ油断はできません。ｂｉｔＦｌｙｅｒは毎日午前4時にシステムメンテナンスを実施しますが、その時に顧客からの注文や残高照会などのアクセスをシャットダウンします。ｂｏｔがシステムメンテナンスを経ても正常に動作するかどうかが、最初の試練です。翌28日早朝、無事にメンテナンスを通過したことを確認。

次に、テストのために少額に抑えていた運用資金を増やして本格運用に移行します。野球でもブルペンではビシビシ速球を投げるのに、いざマウンドに立って打者と対峙するとストライクが入らなくなる〝本番に弱いタイプ〟がいます。ストラテジーにも資金を増やした途端に調子が狂うものがあるので油断ができません。

こういうことが起こる主たる理由は、システムの不具合というよりは取引所が扱っている取引高に起因するものですが、この当時はまだ数万円↓100万円のスケールアップなので、特に問題にはなりませんでした。

安定的に利益が出せるようになって、やっと安眠できるようになりました。ちょうど春から初夏の時期、眠りたいだけ眠れる日々がやってきました。儲からないうちは夢の中でもJupyterを回していたし、実験結果が楽しみすぎて眠りに落ちてもすぐに起きていたというのに――。

bitFlyerbotは、私が眠っている間も稼働し続けます。完成した4月25日には1日かけてやっと100円の利益でしたが、3日後にはそれが3400円になり、7日後には1万円を超え、10日後には4万5000円を稼ぎ出すまでになりました。

これまではストラテジーを探し出すことに必死で、寝ても覚めてもJupyterを回し続けてきましたが、bitFlyerbotを完成させてからは「どうぞあなたは寝ていてください」と言われているようで、贅沢にも生活に〝物足りなさ〟を感じるようにもなりました。

ちなみに当時の私が「セミリタイア」できる基準としていたのは、日次3万3000円（月次換算100万円）の〝A級botter〟でした。bitFlyerbotはそれに迫る成績を上げていましたが、日によってはマイナスになることもあってまだ〝確実〟ではありません。

ポジションサイズを今すぐ1000万円にできれば（投資資金が10倍あれば）、何の心配もなく達成できそうですが、現実問題として投資資金はまだ100万円ちょっとしかありません（日々の利益から生活費を抜かないといけないので、稼いだ分を全て投資に回せていないからです）。

投資資金をすぐに増やせないのであれば、bitFlyerbotの相関係数を改善するか、時間方向に分散させて（時間をかけてコツコツ利益を積み上げて）何とかするしかありません。

## 疑心暗鬼に苛まれる日々

もちろん、私は一日も早くA級ｂｏｔｔｅｒになりたかったので、迷わず相関関係の改善に取り組みました。

ところが〝改良〟しているはずなのに、あれこれ手を加えているうちに儲からなくなってしまいます。最初は「ビットコインが急上昇している特殊な相場だから、過去の価格データを基に作ったｂｏｔが対応できていないのかな?」とも思いましたが、コミットを戻して改良前のバージョンを稼働させたらまた利益が出るようになります。元バージョンの何が有効で、どこをいじったからダメになっているのかがわかりません。

5月5日にはストラテジーをアップデートしました。ポジションサイズをスケールさせる仕組みを入れて、可能性が高い局面ではより多く、それほどでもない局面では控えめに投資する機能を加えました。

ところが稼働させた直後にドローダウン（保有資産が下落すること）とアンダーウォーター（損益が今までのピークから下がり、再びそのピークを超えるまでの期間）が来て、「アップデートは失敗だったのではないか」という疑心暗鬼に苛まれます。

機械学習で鍛え上げたストラテジーといえども百発百中ではなく、損切りも含めてトータルで利益が出るように設計してあります。今がたまたまマイナスに転じる局面であって、そのまま稼働させれば回復して再び機能し始めるかもしれません。こういう時はまず計測したりバグがないかを確認すべきなのですが、ドローダウンがあまりに大きいと私のメンタルが耐えられず、合理的な理由がないのにbotを手動で止めてしまうといったこともありました。

〃果報は寝て待て〃と言います。読者の皆さんは「botterなのだから機械学習を信じてどっしりと構えていればいいんじゃないか」と思われるでしょうが、それができるのは、少々減っても気にならない程度の金額で投資している場合です。私の場合、生活費も含めた全財産を使い、さらにレバレッジを掛けてギリギリで勝負しているので、精神的な余裕がなかったのです。

5月5日は朝方までは日次3万円に迫ったのに、お昼過ぎにアップデートした途端8000円以上減ってしまい、疑心暗鬼が募りました。それでも夕方にはやられた分を取り返し、日次4万5000円を超えました。新バージョンは滑走路ギリギリで機体を地面に擦りながらも、無事に離陸できたようです。

## A級botterになれそう！

いち早くA級botterに駆け上がりたい思いは山々ですが、常にギリギリで勝負しているとテンションの乱高下に消耗します。利益が出れば興奮し、減り始めると不安でそわそわして寝られない。しかも、この躁鬱が1日のうちに何度も入れ替わるのです。これでは精神がどうにかなってしまいそうです。

解決策は2つあって、1つは多少のリターンは犠牲にしてでも、資産の増減が少なくなるよう投資金額を抑えること。もう1つは〝慣れること〟です。システムトレーダーは相場がうまい下手ではなく、自分が作ったbotを信じるか否かしかありません。

「このお金を失ったら食事ができない、住む家を失う！」

と思うから不安になるのであって、資産残高はゲームのスコアみたいなものだくらいに金銭感覚が麻痺した方が、いい結果をもたらします。

幸いにして、私の場合は3日間でメンタルが鍛えられました。数万円のドローダウンを見ても「何か面白いことが起きている。分析しよう！」と思えるようになりました。

5月8日は午前2時の時点で1万3550円のマイナスだったのですが、午後5時20分で損失をすべて取り返し、週次（5月1日から5月8日まで）で25万円のプラスになりました。1週間で25万円稼げるようになったということは、単純に4週間なら100万円に到達するということです。A級botterが見えました！

そして翌日の5月9日は、なんと日次12万7500円の過去最高益を叩き出しました。祝祭です！　この日、私は夕食をUberEatsで注文しました。1日100円の利益が出せるまで、1袋20円のもやしばかりを食べ続ける生活だった私にとって、500円の配送料を払って食事を持ってきてもらうなんて、夢のような贅沢です。

翌日の10日は、日次11万円。その翌日の11日はマイナス10万1000円で前日の利益をほぼ溶かしてしまいましたが、もう動じません。

〝マイナス11万円のうち6万円は手数料だから、取引コストの安い取引所なら4万円の負けで済んでいる。4万円は悪い偶然によるもので想定内〟

と冷静に分析しています。さすがに負けすぎなのでロット（投資単位）を10分の1に減らして取引コストが下がるのを待ちました。

悪い流れは12日も続き、日が変わって2時間半で12万3000円も資産が減りました。2日間で20万円の損失で気持ちとしてはかなり辛かったと記憶しているのですが、当時のツイートを見返してみると〝今日の試練。また改善。最高〟と精一杯の強がりを書いています。

とはいえ、不安に突き動かされてbotを止めたりしなくなったのは、成長できた証でしょうか。本当は損失を〝率〟で判断できればいいのですが、まだ〝額〟が気になってしまいます。

大きな金額を動かすようになればそれだけドローダウンも大きくなるのは当然。

損失の率が大きければ急ぎ対策する必要がありますが、額にビビっていてはいけないのです。

## 月次利益100万円を達成！

生活に必要な月20万円を確保するには、日次平均6666円を稼ぎ出す必要があります。ただ、それでは〝食べていくのがやっと〟のレベルで、投資資金が増えていきません。

5月1日～8日で25万円を稼ぎ、さらに9日～10日で32万7000円を積み上げて月次を57万円として〝もう安泰〟かと思いましたが、11～12日で22万4000円減らして疑心暗鬼を募らせ、ポジションを落として日次2～3万円のペースに戻して安堵するという5月の前半を終えました（11日～16日の週次は結局2万8000円のプラスでした）。

裁量トレードで失敗するのは人間のメンタルの弱さに起因するケースがほとんどで、ゆえに人間が判断しないシステムトレードが強いのだと言われます。ですがこの頃の私を見てもらえればわかるように、システムトレードでも人間のメンタルの弱さがパフォーマンスの足枷になっています。ｂｏｔの精度を磨き上げると同時に、自分のメンタルも強くしていく必要があります。

5月11～12日で22万4０００円の損失を食らってメンタルがダメージを受けたので、ポジションを抑えて1日2～3万円の利益となるようにした結果、損失とメンタルが回復しました。

5月後半、18日は6万円の利益、19日は3万9０００円の利益でした。1日に10万円単位で増減していたのと比べれば物足りなさも感じますが、生活費としては十分です。ところが20～21日は１３４６円の利益でマイナスにこそならないものの再びスランプに陥って、またメンタルがやられます。当日の私はＴｗｉｔｔｅｒにこんな弱音を吐いています。

〝ｂｏｔに疲れた。メンタルがすり減る。少し前のうまくいった実績のあるバージョンに戻そうかな。さすがにバグな気がしてきた。実績あるバージョンならマイナスの日があっても精神的ダメージは小さいだろう。それとも「あの時はまぐ

れだったのかも」って疑心暗鬼になるのかな〃

この直後、私は日次14万円を稼いだ実績のある「ベテランｂｏｔ」を投入します。日次20万円の「日次最高記録ｂｏｔ」と迷いましたが、バックテストでは前者の成績が良好でした。実績があるｂｏｔは、バグなども含めて機能したということなので信頼できます。

このベテランｂｏｔの奮闘により、22日は日次12万７０００円を勝ち取りました。メンタルを回復した私は優秀な部下（ｂｏｔのこと）と市場の恵み（非合理なトレーダー達の存在）に感謝します。

〃ｂｏｔトレードは漁業に似ている。儲かるｂｏｔは排他的経済水域。魚（非合理なトレーダー）にプランクトン（魚に有利な価格での約定）を提供し、育った魚を取る。私はトレードを通じて自然と一体化する。市場の恵みに感謝〃

あまりの爆益に浮かれて、頭が少しおかしくなっていたのでしょう。この頃のツイートを見返していると、思わず赤面してしまうものが少なからずあります。これもそんなツイートの1つです。

そして23日、ついに月次（5月1日～23日）100万円を達成しました。これで私は正真正銘の「A級ｂｏｔｔｅｒ」になりました。

達成した瞬間は「さあ来月は月次1000万円を目指すぞ！」と思ったのですが、翌日には驚くほど意欲が低下していました。

サラリーマンをやっていた時は自由がないからこそ「あれもやりたい、これもやりたい」という欲求が募ってい

ました。脱サラ後はそれにお金のなさも加わって、ますますその思いは強まりました。

ところがいざ時間とお金の両方を手に入れると、何もやる気が起きない。考えてみれば「あと数カ月で預金残高が底つく」という状況からトレードを始めて、「もう一生食べていくのに困らないであろう」この状況になるまで2カ月半ほどしか経っていません。

来る日も来る日もストラテジーを考え、Jupyterで機械学習を回し、バックテストとフォワードテストを繰り返して、ひたすらバグを取っていく作業を繰り返しました。たぶん、疲れがドッと出たのでしょう。

人生の次のフェーズに入った気がします。さらに進んでいくためには、エネルギーを溜めないといけません。

# CHAPTER 3

## 努力は必要だが才能はいらない
## 機械学習には“チャンス”がある

## あなたもbotterになろう

本章では、ｂｏｔ取引を始めてみたい／ｂｏｔｔｅｒになりたいという方に、どこから始めたらいいか、どんな準備が必要かを、できるだけわかりやすく説明します。

ただし、内容はあくまで入門レベルであり「ｂｏｔ取引とはどんなものかがわかる」「機械学習でストラテジーが検証できる」「利益を出せるようにするにはどんな努力をすればいいのかがわかる」ところまでとします。ここに書いてある通りをそのまま真似すれば利益が出せるわけではありませんが、ここに書いてあることをベースに改善を重ねていけば「稼げるｂｏｔ」が完成します。

スタートラインは、人によって異なります。ｂｏｔ取引には大きく2つの知識が必要です。1つは「トレードの知識」、もう1つは「プログラミングと機械学習の知識」です。あなたが理工系の学生かプログラマーでＫａｇｇｌｅやＪｕｐ ｙｔｅｒを使ったことがあり、かつ仮想通貨の売買もやったことがあるなら話は最速です。すぐにもストラテジーの構築に取り掛かることができるでしょう。

ですが、仮想通貨はおろか株もＦＸもやったことがない、プログラミングの知識も皆無となると、少しだけ準備を要します。ですが、いずれの分野も体系的にまとまっていてわかりやすい入門書がありますし、ネット上にもたくさん情報が公開されています。まずはそうした知識にあたってみてください。

トレードの知識もプログラミングと機械学習の知識もそれぞれに奥が深く、それなりに知識を蓄えてから始めようとすると、いつまで経ってもスタートできません。「習うより慣れろ」とも言います。事前勉強にあまり時間をかけ過ぎず、最低限の知識を身に付けたらあとは走りながら考える／やりながら覚えていくようにしましょう。そちらの方がはるかに効率的で、早く上達すると思います。

機械学習で資産が右肩上がりに増えるストラテジーを探すまでは失敗してもお金が減ることはありませんし、実際の市場で稼働するにせよ投入する金額を少額にしておけばリスクは限定的です。

## 取引所に口座を開設する

まずは仮想通貨取引所に口座を開設してください。機械学習のベースとなる価格データは取引所から入手します。取引所はたくさんありますから、どこを選べばいいか迷ってしまうかもしれません。同じ通貨を同じ金額取引するにしても、手数料体系や刻み値の違いによって収益が変わってきます（実際、私は取引所を変えただけで利益が出せるようになりました）。

とはいえ、まだストラテジーがない段階では取引所の相性もわかりません。選定のポイントは「利用者（botter）の評判」と「ビットコインの取扱量の多さ」です。細かなことを言うと、APIの使いやすさ（安定性や反応の良し悪し）、手数料の安さ、セキュリティの堅牢さなど色々あるのですが、それらは「利用者（botter）の評判」を見ていればだいたいわかります。TwitterでSS級・S級・A級botterをフォローして、彼らがどんな取引所を使っているかをチェックしてみてください。

「取り扱い通貨の多さ」をウリにしている取引所が多いのですが、botterになるのであればここは関係ありません。ビットコインの動向によってアルトコイン（ビットコイン以外の仮想通貨のこと）の価格が上下することはありますが、逆はほとんどないからです。機械学習でアルトコインの値動きを分析してストラテジーを構築しようとすると、まずビットコインの価格動向を分析して関連を探るというややこしいことになります。

## 【取引所と販売所】

仮想通貨の取り扱い業者には「取引所」と「販売所」があり、両方を行っている業者もありますが、botterは「取引所」を使います。両者の違いは簡単に言えばメルカリ（取引所）とブックオフ（販売所）のようなものです。「取引所」は買いたい投資家と売りたい投資家の注文をマッチングして成立させる場で、両者の取引が成立する（約定《やくじょう》と言う）毎に取引所が手数料を取ります。対して「販売所」では業者が利用者に仮想通貨を販売・買取しています。販売所では手数料無料となっていることが多いのですが、販売価格は市場価格より高く、買取価格は市場価格より安く設定されています。

【手数料について】

手数料は基本的に注文が成立するごとに取引金額に応じて発生します。0%となっている取引所もありますが、その場合も「スプレッド」が設定されているのが普通です。これは取引所が「買い価格」と「売り価格」の2種類を提示しているもので、差額が取引所の取り分になります。

注文方法には「いくらで○単位を買う／売る」というように価格を指定する「指値《さしね》」（Maker）と、価格は指定せず取引成立を優先する成行《なりゆき》（Taker）があります。Makerの手数料がマイナスに設定されている場合、売買が成立すると投資家は手数料分を（支払うのではなく）受け取ります。これは株やFXにはない仮想通貨ならではの手数料体系といえます。

これだけ見ると「Maker手数料がマイナスの取引所で指値注文だけでトレードしてたら少なくとも手数料分は積み上がっていくのでは？」と考える人が

いるかもしれません。私も最初はそのように考えましたが、指値は値動きのトレンドとは逆方向の注文でないと約定しません。

例えば買い注文なら、現在価格より安い価格で指値を入れておき、そこまで価格が下がったときに取引が成立します。ところが価格上昇に強いトレンド（方向性）が出た場合には指値した価格まで下がらず、約定しないままどんどん値上がりしてしまうのです。結果、トレンドに乗って利益を伸ばす絶好のチャンスを逃すということが頻出することになります。

逆に価格下降に強いトレンドが出た場合には、買いの指値が約定したあと、価格がどんどん下落して、含み損になってしまうことも多々あります。

もちろん、そうしたシナリオも込みで勝てるストラテジーを作ればいいと思いますが、私の場合はうまくいきませんでした。

●国内の主な仮想通貨取引所の比較

| 取引所 | BTC現物手数料 | 月間BTC取引高（億円）※ |
|---|---|---|
| ビットフライヤー | 0.01~0.15% | 1兆8472億円 |
| コインチェック | 0% | 4003億円 |
| Liquid by Quoine | 0% | 2930億円 |
| GMOコイン | Maker：－0.01%<br>Taker：0.05% | 1兆538億円 |
| bitbank | Maker：0%<br>Taker：0.05% | 954億円 |

※ 2021 年 8 月 JPBITCOIN.COM 調べ

**【現物とデリバティブ】**

ビットコインには「現物市場」と「デリバティブ市場」があります。前者はビットコインそのものを売買する市場、後者はビットコインを〝取引する権利〟を売買する市場です。利用者がビットコインを保持したり取引したりする上で違いを意識することはほとんどないのですが、手数料が安く、高速で売買が成立し、レバレッジをかけたり、手持ちのポジションがなくても〝売り〟から入れるなど、短期トレードをする上で使い勝手がいいのはデリバティブ市場です。

ビットコインは本来〝ブロックチェーン〟というほぼ改竄できない、かつ検証可能な暗号技術によって、取引の事実が記録されていきます。この改竄耐性の高い技術に対する信頼性が、ビットコインの価値の裏付けになっています。

ビットコインの現物に移動（売り手→買い手）の事実を記録するには、複雑な計算をしなければなりません。この計算作業は世界中のマイナー（採掘者）と呼ばれる人たちが競争原理の下に行っています。非常に複雑な計算を要するためや時間がかかりますし、それなりにコストも発生します。

ですが、デリバティブ市場で〃取引する権利〃を売買している限りは、利用者はブロックチェーンを意識せずとも、低コストかつ高速でトレードができるのです。市場規模（売買される金額や取引される回数）も、デリバティブ市場の方が現物市場よりもはるかに大きくなっています。

デリバティブ市場ならではのルールとして「証拠金制度」があります。トレーダーは取引所に証拠金を差し入れ、それを担保に買い／売りの「ポジション」を売買するのです。自分がどれだけのポジションを持てるかは、証拠金の多少によります。ｂｉｔＦｌｙｅｒ（Ｌｉｇｈｔｎｉｎｇ ＦＸ）の場合、必要証拠金は次の計算式で求めることができます。

**必要証拠金＝注文・約定価格×数量×証拠金率50％**

また、ひとたびポジションを保有すると、その価値によっても必要証拠金は変わってきます。証拠金には現金の他、現在保有しているポジションの評価額（評価証拠金）も反映されるからです。例えば、買いポジションを持っている人はビットコインが値上がりすると、さらに大きなポジションを持つことができます。逆に買いポジションを持っている人はビットコインが値下がりすると、それ以上の取引ができなくなるor追加の証拠金（追証）を差し入れなければならなくなるかもしれません。

**評価証拠金＝預入証拠金＋ポジション評価損益＋未決済スワップ損益－手数料**

未決済スワップとはポジションを保有しているときにかかる手数料のことで24時間ごとに発生し、決済の時に精算されます。必要な証拠金に対して現在どれだけのポジションを持っているかは「証拠金維持率」によって見ることができます。必要証拠金を超えてポジションは持てないルールですが、ビットコイン価格は時々刻々と変動します。評価損失額が取引所の定める水準に達すると、その瞬間に強制決済（ポジションを全部精算）されてしまいます。

手持ちの資産を有効に活用して効率的に増やそうと思うと、証拠金ギリギリまでポジションを持つことになりますが、それに伴ってリスクは増大します。信頼のおけるストラテジーが完成するまでは、ポジションは控えめにすることをおすすめします。

## 裁量で取引してみる

取引所で仮想通貨を売買した経験がない人は、口座が開設できたら少額でもいいので実際にお金を入れて、裁量で（＝自分の判断に基づいて手動で）ビットコインを取引してみることをおすすめします。

板情報やチャートを見ながら、価格がどのように形成・変動していくのか。注文方法の種別や手数料のかかり方、資金が増減するリアルが体験できます。ｂｏｔ取引はプログラムによる自動売買ですが、そもそも何が自動化されているのかが理解できていないとストラテジーを構築するのは難しいでしょう。

あくまでｂｏｔ取引に移行する前段階としての経験ですから「ガチホ」では意味がありません。自分なりに「ここで買えば上がりそうだ」というタイミングで買って（あるいは売って）ポジションを持ち、「上昇（あるいは下落）が止まりそうだ」というタイミングで反対売買をして利益／損失を確定します。ポジションを持つ→反対売買で決済するまでのセットが1トレードです。

## 【ローソク足＋出来高】

タイミングを考える際には、まず「ローソク足」と「出来高」のチャートを参考にするのがよいと思います。

「ローソク足」とは刻々と変化する価格を任意の時間単位で区切って、最初の価格（Open）・最高値（High）・最安値（Low）・最後の価格（Close）という4つの要素（頭文字を取って「OHLC」と言う）を1本の〝ローソク足〟として描いたものです。ローソク足の1本分が1分で区切られているなら「1分足」、5分なら「5分足」、1日なら「日足」、1週間なら「週足」、1カ月なら「月足」になります。

また「出来高」（V＝Volume）とは、任意の時間単位で成立した取引数量のことです。トレードツールではローソク足が並んだチャートの下に、棒グラフで表示されていることが多く、値動きに応じて出来高がどう増減したのかを見ることができます。

ローソク足でタイミングを考えるのには理由があります。この次は機械学習で「勝てるストラテジー」を探索するステップに進みますが、分析のベースとなるデータがまさにローソク足を構成するOHLCとVの数値だからです。

チャートによる投資手法（テクニカル分析）は、ごまんとあります。例えば、ローソク足の組み合わせを分析する手法としては「酒田五法」がありますし、任意に区切った期間の価格を平滑化したグラフに描いて方向性や現在価格との乖離

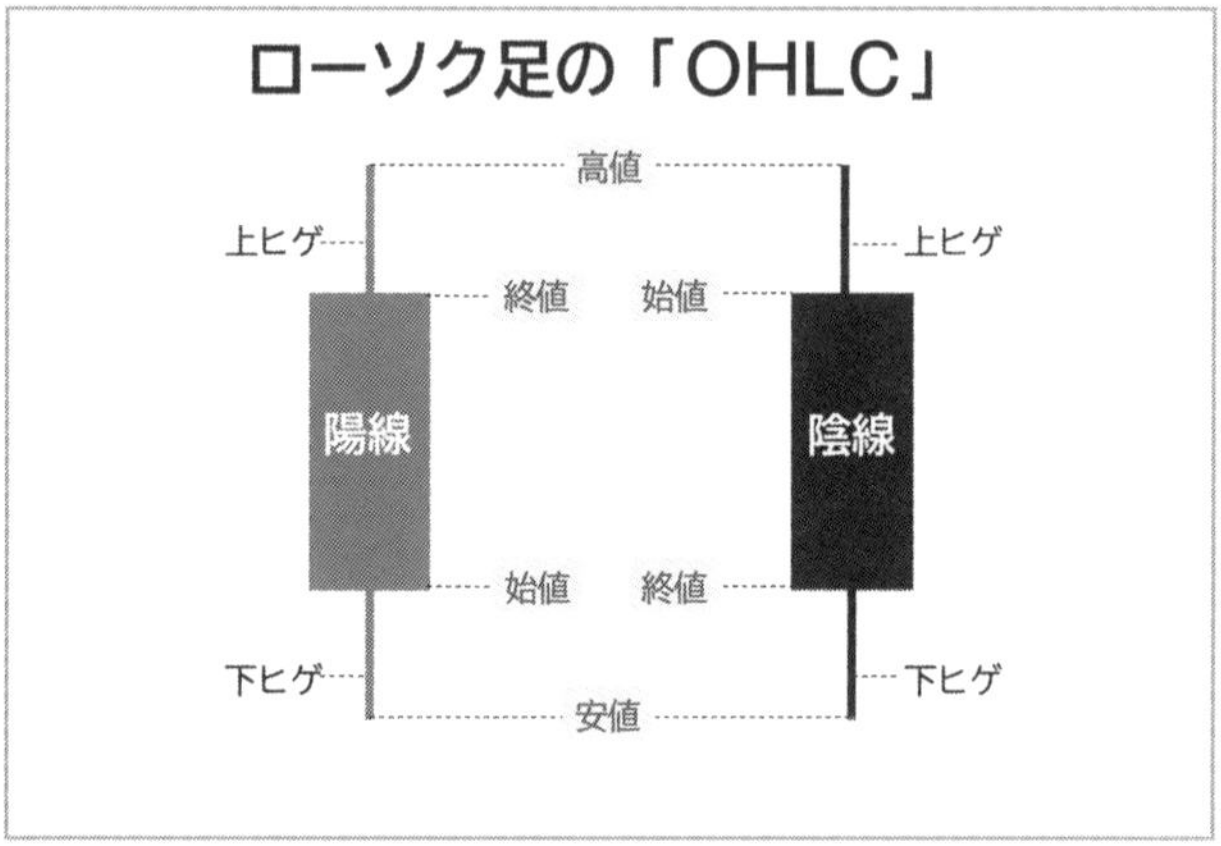

を見る「移動平均線」は多くの裁量トレーダーが基本情報として見ています。MACD、RSI、ストキャスティクスといった「オシレーター」と呼ばれる指標はすべて移動平均をベースに算出されています。どんな投資手法があるか、初心者向けの解説書やネットなどで探してみてください。

## 【参考になる他の指標】

ローソク足と出来高以外にも、売買のタイミングを探る上で参考になる指標やデータは数多くあります。以下に、代表的な幾つかを紹介します。

具体的にどう生かすかはあなた次第ですが、これらを日常的にチェックしているとビットコインがどのような要因で値上がり／値下がりしているのかが、感覚的に理解できるようになってきます。その感覚を具体的な投資法に落とし込み、さらにそれを数値に置換できると「機械学習」に移行できます。

まずはこれらの指標やデータがどこにあるか／どうやって入手できるかを知って、日々チェックするところからスタートするといいでしょう。

●板情報（Order Book）……指値注文がどの価格にどれだけの数量で入っているかを並べたもの。売買が成立したり指値注文が取り消されると、その分の注文表示は消えていく。投資家やトレーダーの思惑や息遣いが感じられる。

●価格帯別出来高（VPVR）……通常の出来高は時系列に成立した売買数が棒グラフで並んでいるが、価格帯別出来高は読んで字のごとく価格別に成立した売買数がまとめてある（横向きの棒グラフが上下に並んでいる）。値動きの節目、反発・反落のポイントがどこにあるかの見当をつけるのに参考になる。

●オープンインタレスト（OI）……未決済ポジションのこと。トレードはポジションを持ち、その反対の売買（決済）をすることで完了する。例えば買いのポジションを持ったら、どこかのタイミングで必ずそれを売って（反対売買）決済しなければならない。売りのポジションを持ったら、その逆だ。オープンインタレストで買いのポジションが積み上がっていたら、いつかはその分が売られることになるし（売り圧力の増大）、売りのポジションが積み上がっていたら、いつかはその分が買われることになる（買い圧力の増大）。

●清算（Liquidation）……ロスカット・ボリュームとも言い、取引所全体でロスカットされたポジションを合算した数値のこと。例えば、買いポジションを積み上げながら価格がズルズルと下落している場合は、多くの投資家／トレーダーが損失を膨らませていると見ることができる。そのような場合は少し反発するとすぐに売られて上昇の気配は挫かれてしまう（価格が上昇しながら売りポジションが積み上がっていた場合はその逆）。ところが、暴落などで大量の清算が発生すると、それまで含み損になっていたポジションがロスカットによって一掃され、トレンド転換になりやすい。

●オンチェーンデータ（On-Chain-Data）……ビットコインは取引の情報がブロックチェーン上に記録され、確認・検証できることが価値の裏付けになっている。具体的には、ユーザーの増減、保有されている期間、どこからどこへどれだけ移動したかといった情報を確認できる。これを分析してビットコインの実需要は高まっているのか／低まっているのか、長期保有される傾向にあるのか短期に売買されているのか、取引所に流入しているのかウォレット（投資家の金庫のようなところ）に保管されているのかなどが、トレードの参考になる。

●ＳＮＳデータ（単語を含むツイート数や自然言語処理など）……最近はあらゆ

る分野でSNSデータが活用されている。具体的にはTwitterやFacebookに書き込まれた単語、リツイートやいいねの数、またそれが拡散されるスピードなどから、次に何が起こるかを予測するというもの。ビットコインもまたしかりでツイートを解析し、その後に起こる価格変動を予測しようという研究が盛ん。もしそうしたデータと価格変動に相関関係を見出すことができれば、自動売買に組み込むことも可能。その前段階として、SNS（特にTwitter）で情報収集することを習慣にしてみてはどうだろう。優秀なトレーダーをフォローするだけでもメリットは大だ。

ただし、こうした指標やデータはbotterにとってはあくまで「ヒント」に過ぎません。これから先のステップで、これらの投資手法を組み合わせたり細かな数値を調整したり、自分のひらめきや工夫を加えながら、独自の投資戦略のプログラムを構築していきます。

それを過去のデータを用いて機械学習でシミュレーションし、「この投資戦略で売買していたら右肩上がりに資産が増えていた」（だから今後の相場でもそうなるだろう）と確認が取れたものを取引所で動かして、運用するわけです。

ですから、とりあえず裁量でやってみる段階で利益が出なくても、まったく気にする必要はありません（ここで投じるお金は「勉強代」としてなくなっても痛くない額に止めてください）。

## 開発環境を用意する

さて、いよいよ機械学習のステップに入っていきます。前提として必要な知識は以下の通りです。

・プログラミングの基礎知識
↓Ｐｙｔｈｏｎの入門書を一冊読めば可
・コマンドラインの基礎知識
↓コマンドラインとはマウスを使わずに操作できる操作環境
・ｇｉｔの基礎知識
↓バージョン管理システム

・ｄｏｃｋｅｒの基礎知識
↓簡単にアプリを動かすツール
・英語
↓自動翻訳を使うか、ググって日本語の情報を探すでも可

パソコンはＷｉｎｄｏｗｓ、Ｍａｃ、Ｌｉｎｕｘのどれでも開発できますが、ＭａｃかＬｉｎｕｘだとコマンドラインが使いやすいです。ｂｏｔｔｅｒになることを考えるのであれば、これを機会にＭａｃを買ってしまうのが早いでしょう。オープンソース系のツールのほとんどはＬｉｎｕｘを想定して作られていて、Ｍａｃはギリギリ動くものの、Ｗｉｎｄｏｗｓだと何かとトラブルに巻き込まれやすいからです。中古のＭａｃは10万円もあれば買えるでしょう。ただし、ＩｎｔｅｌのＣＰＵが搭載されているモデルでないと互換性のトラブルがあるかもしれません。ちなみに私はＩｎｔｅｌ搭載のＭａｃ　ＢｏｏｋＰｒｏを使っています。

ソースコードを編集するためにエディタを用意します。ＯＳに標準で付いてい

るエディタも使えないことはないのですが、効率が悪くなります。私はIntelliJ IDEAという有料版のエディタを使っています。Visual Studio CodeやSublimeなどは無料で使えるようです。

gitはプログラミングをやるなら必須の管理ツールです。いろいろなインストール方法がありますが、Macだと「brew install git」のコマンドでインストールできます。※brewは色々なものを簡単にインストールできるmacOS/Linux用のパッケージマネジャーで、お持ちでなければ「Homebrew」のHPからインストールできます。

dockerはJupyterを動かすのに使います。docs.docker.comのHPからインストールできます。dockerが使いやすくなるdocker-composeもインストールしておきましょう。Macの場合はDocker Desktop for Macをインストールしたら自動で入るようです。

以下のチュートリアルポジトリをgit clone（ダウンロード）してください。

https://github.com/richmanbtc/mlbot_tutorial

次のコマンドでクローンできます。
git clone https://github.com/richmanbtc/mlbot_tutorial.git
実行すると、コマンドを実行したディレクトリに mlbot_tutorial というディレクトリが作られて、中にリポジトリの内容がダウンロードされます。

JupyterとPythonもローカル環境（自分のパソコン）にインストールしてください。Jupyterはjupyter.orgまたは「Anaconda」などのサイトから、Pythonはpython.org の公式HPからダウンロードできます。mlbot_tutorialディレクトリに移動後に docker-compose up -d のコマンドを入力するとJupyterを起動できます。これでbot研究の環境が整いました！

## Jupyterについて

JupyterはプログラミングをWebブラウザ上で記述・実行できる

統合開発環境です。40以上のプログラミング言語をサポートしていますが、機械学習やＡＩで使われてる言語は圧倒的にＰｙｔｈｏｎが主流になっています。文法がシンプルで初心者でも学習しやすく、インデントが文法に組み込まれているので可読性が高い（記号や数字の羅列が整理されていて何をどう動作させるコマンドなのかがわかりやすい）のが特徴です。

インデントというのは、いわゆる「字下げ」のことです。プログラミング言語ではｉｆ文やｆｏｒ文などによって、実行する命令の条件範囲を区切ります。１つのプログラミングには「もし条件がＡの場合にはＢを実行する」というような条件がたくさん設定されています。条件の中にさらに細かな条件が設定されてどんどん分岐していきます。

これが連続して書かれていたら読みにくいことこの上ないのですが、インデントを用いることによって条件範囲が格段に見やすくなっています。文章でも段落や改行があることで内容を整理しながら読み進められるように、Ｐｙｈｔｏｎではインデントによってそれが可能になっているということです。

Ｊｕｐｙｔｅｒは「対話型」の開発環境であると言われます。かつてのプログラミング環境といえば黒背景の入力画面に数字や文字列を打ち込んでいき、出力画面に切り替えて正しく機能するか否かがわかるという手順でした。どこかにミスや変更すべきところがあると、また入力画面に戻ってやり直しです。ところがＪｕｐｙｔｅｒは入力と出力が１つの画面にあって、入力↓出力が同じ画面で確認できます。

例えば０分００秒の価格と４分59秒の価格を比較して値上がりが確認できた５分間が３回連続したら次の００秒で買い、０分００秒の価格と４分59秒の価格を比較して値下がりが確認できた５分間が３回連続したら次の００秒で売る、という投資戦略を考えたとします。

これを実行するプログラムをＰｙｔｈｏｎで書いて、過去の価格データを用いてＪｕｐｙｔｅｒにシミュレーション売買をさせます。その結果、何回のトレードが実行されて、資産がどう増減したかが同じ画面のグラフに表示されます。では値上がり／値下がりを判断するタイミングを４分59秒まではなく２分59秒にしたらトレード回数と資産の増減はどう変わるか――数値を調整するとすぐに計算が始まってその結果がグラフに反映されます。

値上がり3回で買い／値下がり3回で売りという条件部分を5回にしてみたらどうだろう？　午前0時〜午前5時までの時間帯だけに限定してみたらどうだろう——といった具合に、数値を変えたり条件を加えたりして「資産が右肩上がりに増える投資戦略」を探していきます。シミュレーションはJupyterがやってくれますが、投資戦略や数値の設定は自分でやらなくてはいけません。そここそbotterが汗をかかなくてはならない部分です。

まったくのゼロからすべて自分で書くとなると初心者には相当大変なことになりそうですが、実は基本的な投資戦略はネット上の「ライブラリ」に公開されています。最初はそれを拝借してきてポイントとなる部分を調整したり付け足したりしながら、資産が右肩上がりになる自分なりの投資戦略に改良していけばいいでしょう。

## 1. 必要なライブラリのインポート

以下のコードでは必要なライブラリをインポートしています。

```
In [30]:
import math

import ccxt
from crypto_data_fetcher.gmo import GmoFetcher
import joblib
import lightgbm as lgb
import matplotlib.pyplot as plt
import numba
import numpy as np
import pandas as pd
from scipy.stats import ttest_1samp
import seaborn as sns
import talib

from sklearn.ensemble import BaggingRegressor
from sklearn.linear_model import RidgeCV
from sklearn.model_selection import cross_val_sc
ore, KFold, TimeSeriesSplit
```

# 機械学習 bot のチュートリアル

ここではbot取引の流れを理解してもらうことと、研究の足がかりとして使ってもらえるように、私が作ったサンプル用のbotを掲載しています。ここに書いてある文字列は、そのまま打ち込まなくてもGitHubというサイトにありますので、それをコピペして使ってください。

ただし、最後の資産増減グラフを見ていただければわかりますが、このストラテジーをそのまま動かしても利益は出ません。各項目ごとの改良ポイントを参考に手を加えてみてください。

ネット上を検索すればいろいろなヒントが見つかるでしょう。なお、SNS上で機械学習botは「mlbot」（mlはmachine lerningの略）で言及されていることがほとんどです。検索キーワードではこちらを使った方がより多くの記事がヒットします。

### 取引所から入手したOHLCVのデータ

| | op | hi | lo | cl | volume |
|---|---|---|---|---|---|
| timestamp | | | | | |
| 2018-09-05 08:00:00+00:00 | 818724 | 818724 | 818724 | 818724 | 0.01 |
| 2018-09-05 08:15:00+00:00 | 821250 | 821250 | 821250 | 821250 | 0.01 |
| 2018-09-05 08:45:00+00:00 | 819260 | 819765 | 819260 | 819765 | 0.03 |
| 2018-09-05 09:00:00+00:00 | 820000 | 821388 | 819500 | 819548 | 1.22 |
| 2018-09-05 09:15:00+00:00 | 820441 | 821530 | 819646 | 820244 | 14.77 |
| ... | ... | ... | ... | ... | ... |
| 2021-03-31 22:45:00+00:00 | 6500673 | 6515799 | 6495153 | 6501148 | 24.83 |
| 2021-03-31 23:00:00+00:00 | 6500548 | 6514344 | 6491034 | 6504636 | 48.64 |
| 2021-03-31 23:15:00+00:00 | 6505950 | 6529377 | 6491838 | 6523540 | 38.07 |
| 2021-03-31 23:30:00+00:00 | 6523256 | 6530016 | 6513263 | 6518492 | 21.89 |
| 2021-03-31 23:45:00+00:00 | 6519089 | 6528367 | 6505998 | 6515459 | 25.1 |

86275 rows × 5 columns

上記が取引所から入手したOHLCVのデータです。1列が15分足の1本を構成する要素（Volumewo除く）です。例えば上から4番目の列は2018年9月5日9時00分00秒～8時14分59秒の価格と出来高です。最初の価格（op）は82万円ちょうどで最後の価格（cl）は81万9548円、その間の最高値（hi）が82万1388円、最安値（lo）が81万9500円、出来高（Volume）が1.22BTCです。この15分毎のデータが2021年3月31日23時59分59秒まであります。

## 2. データを用意

以下のコードでは、例としてGMOコインのBTC/JPYレバレッジ取引の15分足データをohlcv形式で取得しています。データ取得用のライブラリ https://github.com/richmanbtc/crypto_data_fetcher を利用しています。ライブラリ内ではAPIでデータを取得しています。

**ohlcv形式とは**

ohlcv形式は、ローソク足と出来高を合わせたデータ形式です。Open（始値）、High（高値）、Low（安値）、Close（終値）、Volume（出来高）の頭文字を並べるとohlcvになります。
カラムの意味は以下のようになっています。

- timestamp: 時刻（UTC）
- op: 始値
- hi: 高値
- lo: 低値
- cl: 終値
- volume: 出来高

・時間軸（足の間隔）変更

時間軸によって値動きの傾向が変わります。学習、バックテスト、検定などにも影響を与えます。いろいろな時間軸を試すと良いかもしれません。

〈時間軸が短いメリット〉

- 値動きを予測しやすい
- サンプル数が多くなり、統計的に有意になりやすい
- サンプル数が多くなり、学習が成功しやすい

〈時間軸が長いメリット〉

- バックテストと実際の誤差が出づらい（APIや取引所の処理遅延などの影響を受けづらい）
- 運用資金をスケールさせやすい

```
memory = joblib.Memory('/tmp/gmo_fetcher_cache', verbose=0) fetcher = GmoFetcher(memory=memory)
# GMOコインのBTC/JPYレバレッジ取引 ( https://api.coin.z.com/data/trades/BTC_JPY/ )を取得
# 初回ダウンロードは時間がかかる
df = fetcher.fetch_ohlcv( market='BTC_JPY', # 市場のシンボルを指定
interval_sec=15 * 60, # 足の間隔を秒単位で指定。この場合は15分足 )
# 実験に使うデータ期間を限定する
df = df[df.index < pd.to_datetime('2021-04-01 00:00:00Z')]
display(df)
df.to_pickle('df_ohlcv.pkl')
```

## 実験データ期間について

コード中のコメントにあるように、実験に使うデータ期間を限定します。理由は、フィッティングを防ぐためです。

仮想通貨データはサンプル数が少ないので、同じデータで何度も実験をすると、正しくバリデーションしていたとしてもだんだんとデータにフィッティングしていきます。

実験に使わないデータを残しておくと、その部分についてはフィッティングを防げます。全期間のデータで実験したときに、実験に使った期間と使わなかった期間でバックテストの傾向が変わらなければ、フィッティングの影響は少ないと判断できます。

また、本番用のモデルを学習するときは、全期間のデータを使って学習したほうが良いと思います。精度が上がりやすいからです。

## 改良ポイントについて

・取引所と取引ペア選び

いろいろな取引所やBTC/JPY以外のペアを試すと良いかもしれません。取引ペアごとに値動きの傾向は変わります。同じペアでも取引所ごとに値動きの傾向は変わります。

```
maker_fee_history = [
    {
        # https://coin.z.com/jp/news/2020/08/6482/
        # 変更時刻が記載されていないが、定期メンテナンス後と仮定
        ‘changed_at’: ‘2020/08/05 06:00:00Z’,
        ‘maker_fee’: -0.00035
    },
    {
        # https://coin.z.com/jp/news/2020/08/6541/
        ‘changed_at’: ‘2020/09/09 06:00:00Z’,
        ‘maker_fee’: -0.00025
    },
    {
        # https://coin.z.com/jp/news/2020/10/6686/
        ‘changed_at’: ‘2020/11/04 06:00:00Z’,
        ‘maker_fee’: 0.0
    },
]

df = pd.read_pickle(‘df_ohlcv.pkl’)
```

### maker手数料カラムを追加

以下のコードでは、maker手数料カラム（fee）を追加しています。GMOコインは過去に何度か手数料を変更しているので、バックテストを正確に行うために、各時刻ごとの手数料が必要です。このチュートリアルでは指値（maker）注文しか使わないので、追加するのはmaker手数料だけです。

GMOコインの過去のニュースから、手数料の変更タイミングと変更後の手数料の値を人力で取得し、そこから各時刻の手数料を設定しています。

手数料の変更は定期メンテナンスのときに行われたみたいです。定期メンテナンスの時刻は日本時間の15：00〜16：00です。UTCの場合は6：00〜7：00です。

図3-1，3-2

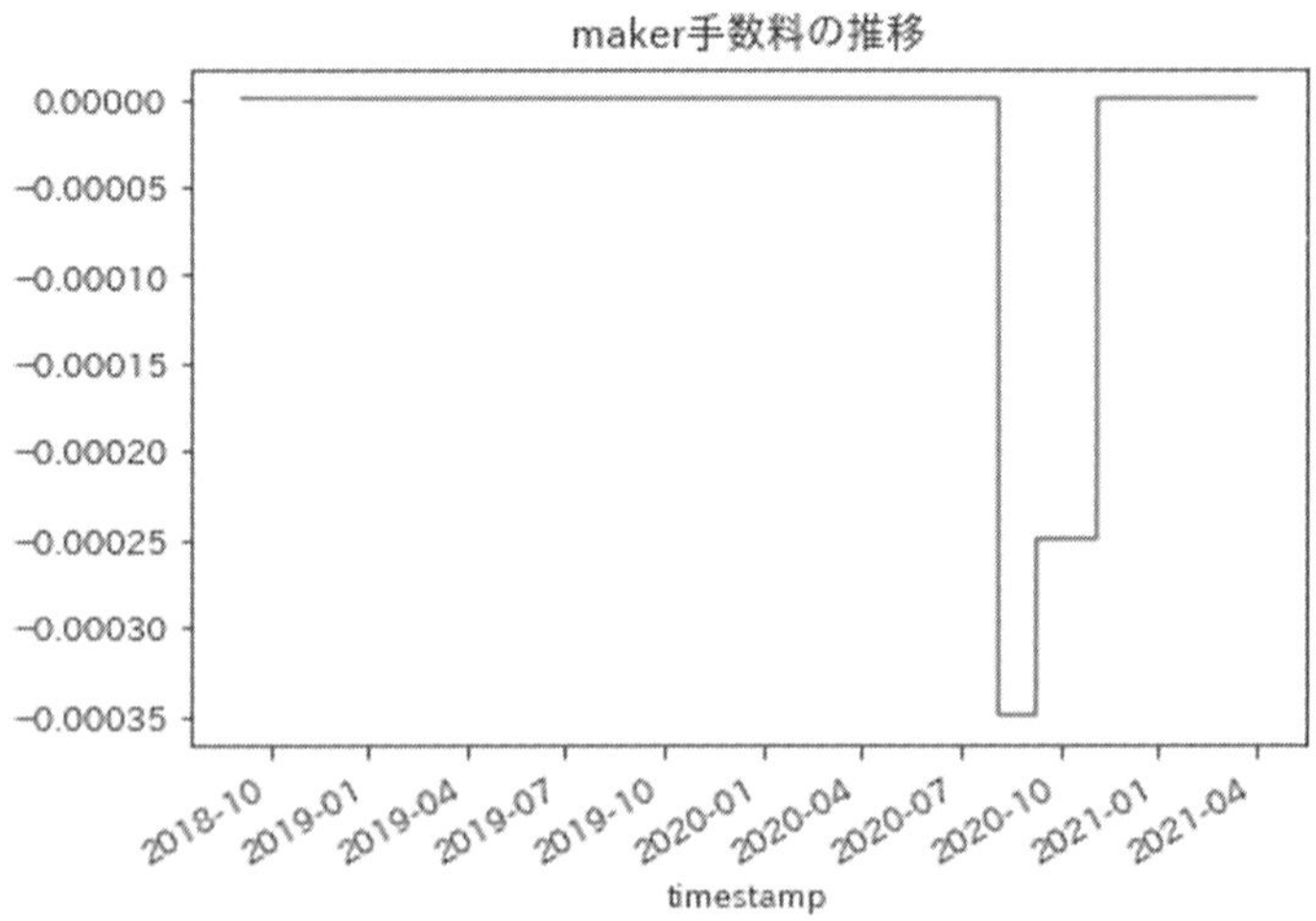


| op | hi | lo | cl | volume | fee | |
|---|---|---|---|---|---|---|
| timestamp | | | | | | |
| 2018-09-05 08:00:00+00:00 | 818724 | 818724 | 818724 | 818724 | 0.01 | 0 |
| 2018-09-05 08:15:00+00:00 | 821250 | 821250 | 821250 | 821250 | 0.01 | 0 |
| 2018-09-05 08:45:00+00:00 | 819260 | 819765 | 819260 | 819765 | 0.03 | 0 |
| 2018-09-05 09:00:00+00:00 | 820000 | 821388 | 819500 | 819546 | 1.22 | 0 |
| 2018-09-05 09:15:00+00:00 | 820441 | 821530 | 819646 | 820244 | 14.77 | 0 |
| ... | ... | ... | ... | ... | ... | ... |
| 2021-03-31 22:45:00+00:00 | 6500673 | 6515799 | 6496153 | 6501148 | 24.83 | 0 |
| 2021-03-31 23:00:00+00:00 | 6500548 | 6514344 | 6491034 | 6504636 | 48.64 | 0 |
| 2021-03-31 23:15:00+00:00 | 6505960 | 6529377 | 6491838 | 6523540 | 38.07 | 0 |
| 2021-03-31 23:30:00+00:00 | 6523256 | 6530016 | 6513263 | 6518492 | 21.89 | 0 |
| 2021-03-31 23:45:00+00:00 | 6519089 | 6528367 | 6505998 | 6515459 | 25.1 | 0 |

93275 rows × 6 columns

```
# 初期の手数料
# https://web.archive.org/web/20180930223704/https://coin.z.com/jp/corp/guide/fees/
df['fee'] = 0.0

for config in maker_fee_history:
    df.loc[pd.to_datetime(config['changed_at']) <= df.index, 'fee'] = config['maker_fee']

df['fee'].plot()
plt.title('maker手数料の推移')
plt.show()

display(df)
df.to_pickle('df_ohlcv_with_fee.pkl')
```

org/d_api/ta_setunstableperiod.html も参考になります。

以下のような対応をします。

- 無限の過去に依存する特徴量は、誤差が十分小さくなるようなデータ期間で計算する
- 有限の過去に依存する特徴量は、依存する最大長以上のデータ期間で計算する

**改良ポイント**

〈特徴量の改善〉

いろいろな特徴量を試すと良いと思います。TA-Libのようなテクニカル指標以外にも、以下のような特徴量が考えられます。

- 板情報（Order Book）
- 価格帯別出来高（Volume Profile Visible Range, VPVR）
- オープンインタレスト（Open Interest, OI）
- 清算（Liquidation）
- オンチェーンデータ
- SNSデータ（単語を含むツイート数や、自然言語処理など）

上級者向けチュートリアルに記載のrichman non-stationarity scoreが下がるような特徴量を探すのもおすすめです。

以下のようなTA-Lib以外のライブラリを試すのも良いと思います。

https://github.com/bukosabino/ta

### 特徴量エンジニアリング

以下のコードではテクニカル指標計算ライブラリのTA-Libを利用して特徴量を作成しています。特徴量の意味は深く考えていません。TA-Libで実装されている特徴量を片っ端から追加しただけです。ただし、以下のように気をつけることはあります。

### 特徴量で気をつけること

〈未来の情報が含まれないようにする〉

未来の情報は本番稼働時には使えません。また、未来の情報が含まれると、予測精度が劇的に上がることが多いです。予測精度が劇的に上がったときは、未来の情報が含まれていないか確認すると良いです。

〈どのくらい過去のデータに依存するか〉

TRIXなど、指数平均を使うような特徴量は、無限の過去に依存します。このことは過去データが全て存在するバックテストでは問題になりづらいですが、本番稼働で問題になります。本番稼働ではbotの計算が遅いと発注が遅れて取引機会を逃すことがあります。botの計算を速くするためには、過去データを全て取得してから予測値を計算するのでは無く、過去一定の期間、例えば直近1カ月のみを取得して計算することをよくやります。このときにTRIXなどは計算に誤差が生まれます。誤差は計算に使う期間を長くすれば減ります。https://www.ta-lib.

```
    df[‘TEMA’] = talib.TEMA(close, timeperi
od=30) - hilo
    df[‘TRIMA’] = talib.TRIMA(close, timeperi
od=30) - hilo
    df[‘WMA’] = talib.WMA(close, timeperiod=30)
- hilo

    df[‘ADX’] = talib.ADX(high, low, close, time
period=14)
    df[‘ADXR’] = talib.ADXR(high, low, close, ti
meperiod=14)
    df[‘APO’] = talib.APO(close, fastperiod=12,
slowperiod=26, matype=0)
    df[‘AROON_aroondown’], df[‘AROON_aroonup’] =
talib.AROON(high, low, timeperiod=14)
    df[‘AROONOSC’] = talib.AROONOSC(high, low,
timeperiod=14)
    df[‘BOP’] = talib.BOP(open, high, low, clo
se)
    df[‘CCI’] = talib.CCI(high, low, close, time
period=14)
    df[‘DX’] = talib.DX(high, low, close, timepe
riod=14)
    df[‘MACD_macd’], df[‘MACD_macdsignal’], df[‘
MACD_macdhist’] = talib.MACD(close, fastperi
od=12, slowperiod=26, signalperiod=9)
    # skip MACDEXT MACDFIX たぶん同じなので
    df[‘MFI’] = talib.MFI(high, low, close, volu
me, timeperiod=14)
    df[‘MINUS_DI’] = talib.MINUS_DI(high, low,
close, timeperiod=14)
    df[‘MINUS_DM’] = talib.MINUS_DM(high, low,
timeperiod=14)
    df[‘MOM’] = talib.MOM(close, timeperiod=10)
```

```
In [33]:
def calc_features(df):
    open = df['op']
    high = df['hi']
    low = df['lo']
    close = df['cl']
    volume = df['volume']

    orig_columns = df.columns

    hilo = (df['hi'] + df['lo']) / 2
    df['BBANDS_upperband'], df['BBANDS_middleband'], df['BBANDS_lowerband'] = talib.BBANDS(close, timeperiod=5, nbdevup=2, nbdevdn=2, matype=0)
    df['BBANDS_upperband'] -= hilo
    df['BBANDS_middleband'] -= hilo
    df['BBANDS_lowerband'] -= hilo
    df['DEMA'] = talib.DEMA(close, timeperiod=30) - hilo
    df['EMA'] = talib.EMA(close, timeperiod=30) - hilo
    df['HT_TRENDLINE'] = talib.HT_TRENDLINE(close) - hilo
    df['KAMA'] = talib.KAMA(close, timeperiod=30) - hilo
    df['MA'] = talib.MA(close, timeperiod=30, matype=0) - hilo
    df['MIDPOINT'] = talib.MIDPOINT(close, timeperiod=14) - hilo
    df['SMA'] = talib.SMA(close, timeperiod=30) - hilo
    df['T3'] = talib.T3(close, timeperiod=5, vfactor=0) - hilo
```

```
se)

    df[‘HT_DCPERIOD’] = talib.HT_DCPERIOD(close)
    df[‘HT_DCPHASE’] = talib.HT_DCPHASE(close)
    df[‘HT_PHASOR_inphase’], df[‘HT_PHASOR_quadr
ature’] = talib.HT_PHASOR(close)
    df[‘HT_SINE_sine’], df[‘HT_SINE_leadsine’] =
talib.HT_SINE(close)
    df[‘HT_TRENDMODE’] = talib.HT_TRENDMODE(clo
se)

    df[‘BETA’] = talib.BETA(high, low, timeperi
od=5)
    df[‘CORREL’] = talib.CORREL(high, low, timep
eriod=30)
    df[‘LINEARREG’] = talib.LINEARREG(close, tim
eperiod=14) - close
    df[‘LINEARREG_ANGLE’] = talib.LINEARREG_ANGL
E(close, timeperiod=14)
    df[‘LINEARREG_INTERCEPT’] = talib.LINEARREG_
INTERCEPT(close, timeperiod=14) - close
    df[‘LINEARREG_SLOPE’] = talib.LINEARREG_SLOP
E(close, timeperiod=14)
    df[‘STDDEV’] = talib.STDDEV(close, timeperi
od=5, nbdev=1)

    return df

df = pd.read_pickle(‘df_ohlcv_with_fee.pkl’)
df = df.dropna()
df = calc_features(df)
display(df)
df.to_pickle(‘df_features.pkl’)
```

```
    df[‘PLUS_DI’] = talib.PLUS_DI(high, low, clo
se, timeperiod=14)
    df[‘PLUS_DM’] = talib.PLUS_DM(high, low, tim
eperiod=14)
    df[‘RSI’] = talib.RSI(close, timeperiod=14)
    df[‘STOCH_slowk’], df[‘STOCH_slowd’] = tal
ib.STOCH(high, low, close, fastk_period=5, slo
wk_period=3, slowk_matype=0, slowd_period=3, slo
wd_matype=0)
    df[‘STOCHF_fastk’], df[‘STOCHF_fastd’] = tal
ib.STOCHF(high, low, close, fastk_period=5, fas
td_period=3, fastd_matype=0)
    df[‘STOCHRSI_fastk’], df[‘STOCHRSI_fastd’] =
talib.STOCHRSI(close, timeperiod=14, fastk_peri
od=5, fastd_period=3, fastd_matype=0)
    df[‘TRIX’] = talib.TRIX(close, timeperi
od=30)
    df[‘ULTOSC’] = talib.ULTOSC(high, low, clo
se, timeperiod1=7, timeperiod2=14, timeperi
od3=28)
    df[‘WILLR’] = talib.WILLR(high, low, close,
timeperiod=14)

    df[‘AD’] = talib.AD(high, low, close, volu
me)
    df[‘ADOSC’] = talib.ADOSC(high, low, close,
volume, fastperiod=3, slowperiod=10)
    df[‘OBV’] = talib.OBV(close, volume)

    df[‘ATR’] = talib.ATR(high, low, close, time
period=14)
    df[‘NATR’] = talib.NATR(high, low, close, ti
meperiod=14)
    df[‘TRANGE’] = talib.TRANGE(high, low, clo
```

```
    'WILLR',
#      'ADOSC',
#      'NATR',
    'HT_DCPERIOD',
    'HT_DCPHASE',
    'HT_PHASOR_inphase',
    'HT_PHASOR_quadrature',
    'HT_TRENDMODE',
    'BETA',
    'LINEARREG',
    'LINEARREG_ANGLE',
    'LINEARREG_INTERCEPT',
    'LINEARREG_SLOPE',
    'STDDEV',
    'BBANDS_upperband',
    'BBANDS_middleband',
    'BBANDS_lowerband',
    'DEMA',
    'EMA',
    'HT_TRENDLINE',
    'KAMA',
    'MA',
    'MIDPOINT',
    'T3',
    'TEMA',
    'TRIMA',
    'WMA',
])

print(features)
```

### 学習に使う特徴量の定義

以下のコードでは学習に使う特徴量カラムを指定しています。特徴量は私が適当に選んだものです。コメントアウトなどでいろいろな組み合わせを試すと良いと思います。特徴量選択もおすすめです。『Kaggleで勝つデータ分析の技術』などで勉強すると良いと思います。

```
features = sorted([
    'ADX',
    'ADXR',
    'APO',
    'AROON_aroondown',
    'AROON_aroonup',
    'AROONOSC',
    'CCI',
    'DX',
    'MACD_macd',
    'MACD_macdsignal',
    'MACD_macdhist',
    'MFI',
#     'MINUS_DI',
#     'MINUS_DM',
    'MOM',
#     'PLUS_DI',
#     'PLUS_DM',
    'RSI',
    'STOCH_slowk',
    'STOCH_slowd',
    'STOCHF_fastk',
#     'STOCHRSI_fastd',
    'ULTOSC',
```

**実際の取引ルールに従ってトレードした場合に得られるリターン**

具体的には以下のようにyを計算します。買い指値の場合で説明します。売り指値でもほぼ同じです。詳細はコードを読んでください。

1. 毎時刻、あるルールで計算された指値距離（limit_price_dist）に基づいて、買い指値を出す
2. 買い指値が約定しなかった場合のyはゼロとする
3. 買い指値が約定した場合、一定時間（horizon）だけ待ってから、Force Entry Priceの執行方法でエグジットする
4. エグジット価格 / エントリー価格 - 1 - 2 * feeをyとする

改良のポイント

〈執行の改善〉

チュートリアルでは、毎時刻、指値を出すだけの執行を使っていますが、損切りを入れたり、成行注文を使うなど、他の執行方法も試すと良いかもしれません。

〈指値価格の計算方法〉

チュートリアルでは、ATRを使って指値価格を計算していますが、他の計算方法も試すと良いかもしれません。

〈参考リンク〉

https://note.com/btcml/n/n9f730e59848c

## 目的変数の計算

以下のコードでは目的変数（y）を計算しています。目的変数は、機械学習が予測する対象です。yと表記されることが多いです。買いはy_buy、売りはy_sellとしています。

何をyとするかは、いろいろなやり方があります。このチュートリアルでは、実際の取引ルールに従ってトレードした場合に得られるリターンをyとしています。指値が約定するかどうかと手数料を考慮してリターンを計算しています。

## Force Entry Price

Force Entry Priceは買うと決めてから約定するまで指値で追いかけた場合に、実際に約定する価格です。私が独自に定義した用語です。fepと略す場合もあります。いくらで指値を出すかは外部から与える必要があります。entryと名前がついていますが、exitも同じ計算なので区別はないです。以下のコードではcalc_force_entry_priceでForce Entry Priceを計算しています。コード中のforce_entry_timeは約定するまでにかかった時間です。fetと略す場合もあります。
具体的には以下のように計算します。詳細はコードを読んでください。

1. 毎時刻、与えられた指値価格で、指値を出す
2. 指値が約定したら、指値をForce Entry Priceとする
3. 指値が約定しなかったら、次の時刻へ進み、1へ戻る

```
# Force Entry Priceの計算
df['buy_fep'], df['buy_fet'] = calc_force_entry_
price(
    entry_price=df['buy_price'].values,
    lo=df['lo'].values,
    pips=pips,
)

# calc_force_entry_priceは入力と出力をマイナスにすれ
ば売りに使えます
df['sell_fep'], df['sell_fet'] = calc_force_ent
ry_price(
    entry_price=-df['sell_price'].values,
    lo=-df['hi'].values, # 売りのときは高値
    pips=pips,
)
df['sell_fep'] *= -1

horizon = 1 # エントリーしてからエグジットを始めるまで
の待ち時間 (1以上である必要がある)
fee = df['fee'] # maker手数料

# 指値が約定したかどうか (0, 1)
df['buy_executed'] = ((df['buy_price'] / pips).
round() > (df['lo'].shift(-1) / pips).round()).
astype('float64')
df['sell_executed'] = ((df['sell_price'] /
pips).round() < (df['hi'].shift(-1) / pips).rou
nd()).astype('float64')

# yを計算
df['y_buy'] = np.where(
```

```
@numba.njit
def calc_force_entry_price(entry_price=None, lo=
None, pips=None):
    y = entry_price.copy()
    y[:] = np.nan
    force_entry_time = entry_price.copy()
    force_entry_time[:] = np.nan
    for i in range(entry_price.size):
        for j in range(i + 1, entry_price.size):
            if round(lo[j] / pips) < round(ent
ry_price[j - 1] / pips):
                y[i] = entry_price[j - 1]
                force_entry_time[i] = j - i
                break
    return y, force_entry_time

df = pd.read_pickle('df_features.pkl')

# 呼び値 (取引所、取引ペアごとに異なるので、適切に設定して
ください)
pips = 1

# ATRで指値距離を計算します
limit_price_dist = df['ATR'] * 0.5
limit_price_dist = np.maximum(1, (limit_price_
dist / pips).round().fillna(1)) * pips

# 終値から両側にlimit_price_distだけ離れたところに、買い指
値と売り指値を出します
df['buy_price'] = df['cl'] - limit_price_dist
df['sell_price'] = df['cl'] + limit_price_dist
```

```
df['sell_executed'].rolling(1000).mean().plot(la
bel='売り')
plt.title('約定確率の推移')
plt.legend(bbox_to_anchor=(1.05, 1))
plt.show()
```

図3-3
約定確率を可視化。時期によって約定確率が大きく変わると良くない

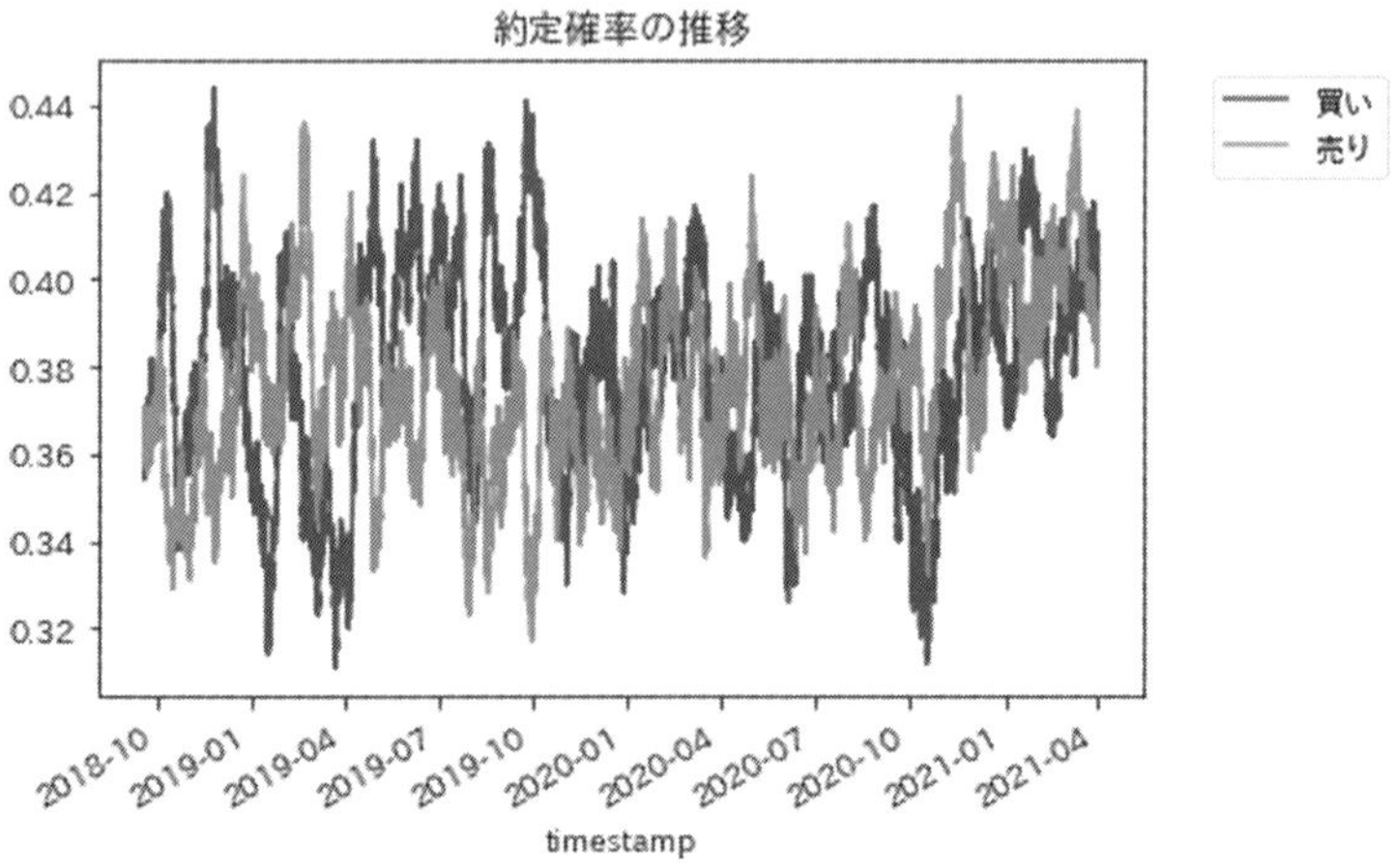

```
    df['buy_executed'],
    df['sell_fep'].shift(-horizon) / df['buy_price'] - 1 - 2 * fee,
    0
)
df['y_sell'] = np.where(
    df['sell_executed'],
    -(df['buy_fep'].shift(-horizon) / df['sell_price'] - 1) - 2 * fee,
    0
)

# バックテストで利用する取引コストを計算
df['buy_cost'] = np.where(
    df['buy_executed'],
    df['buy_price'] / df['cl'] - 1 + fee,
    0
)
df['sell_cost'] = np.where(
    df['sell_executed'],
    -(df['sell_price'] / df['cl'] - 1) + fee,
    0
)

print('約定確率を可視化。時期によって約定確率が大きく変わると良くない。')
df['buy_executed'].rolling(1000).mean().plot(label='買い')
```

図3-4, 3-5

エグジットまでの時間分布を可視化。長すぎるとロングしているだけとかショートしているだけになるので良くない。

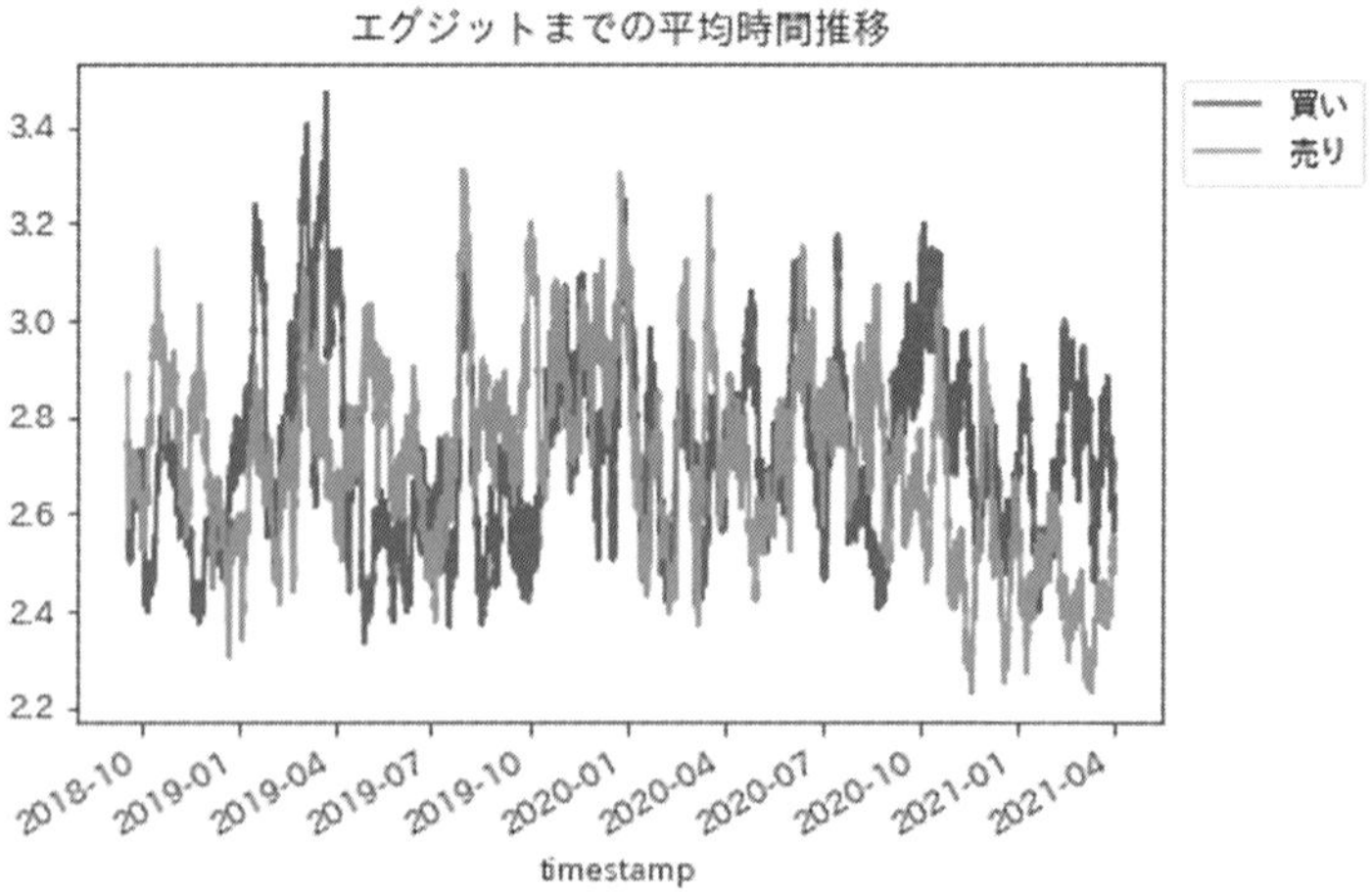


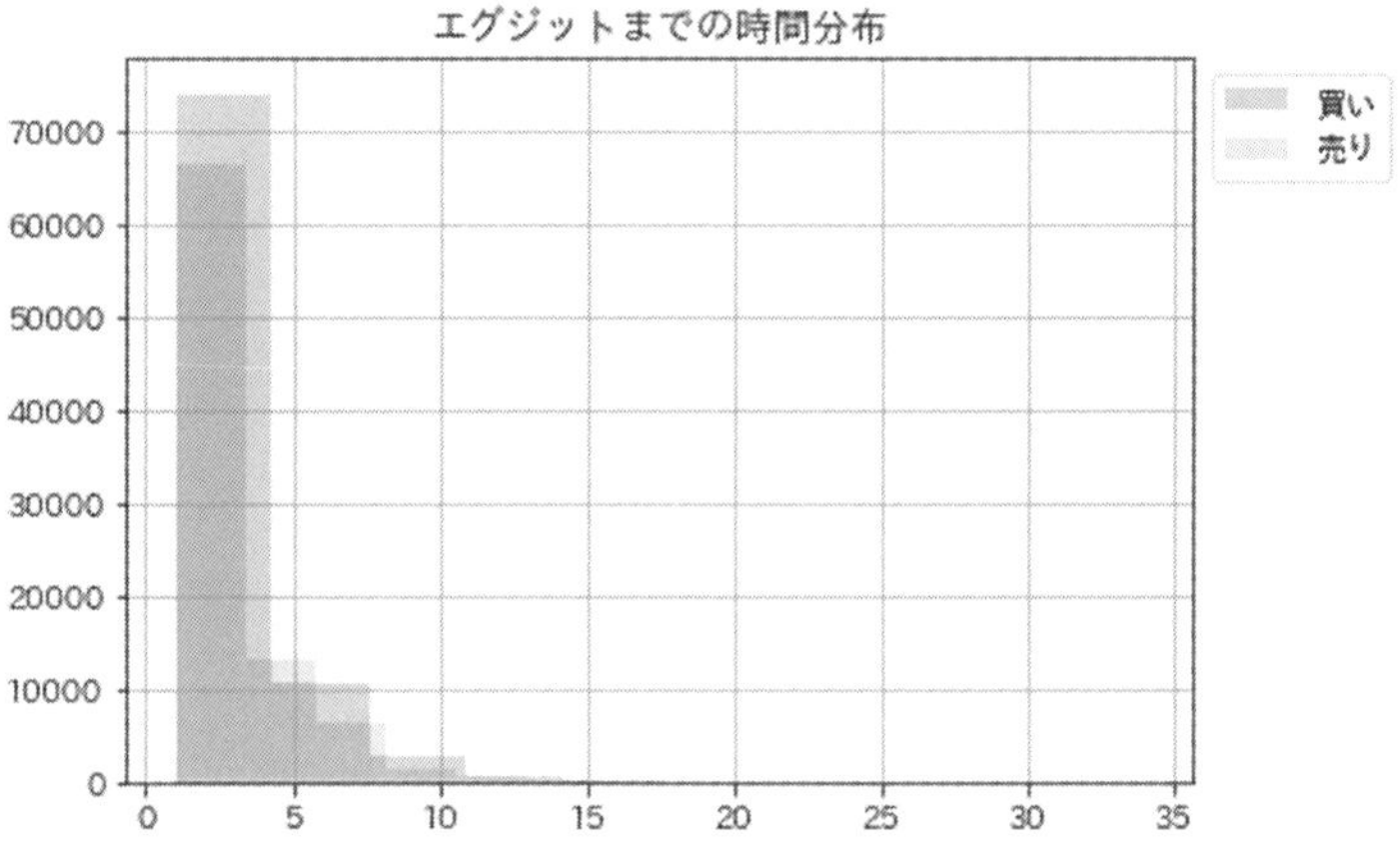

```
print('エグジットまでの時間分布を可視化。長すぎるとロングしているだけとかショートしているだけになるので良くない。')

df['buy_fet'].rolling(1000).mean().plot(label='買い')
df['sell_fet'].rolling(1000).mean().plot(label='売り')
plt.title('エグジットまでの平均時間推移')
plt.legend(bbox_to_anchor=(1.2, 1))
plt.show()

df['buy_fet'].hist(alpha=0.3, label='買い')
df['sell_fet'].hist(alpha=0.3, label='売り')
plt.title('エグジットまでの時間分布')
plt.legend(bbox_to_anchor=(1.2, 1))
plt.show()
```

図3-6
毎時刻、この執行方法でトレードした場合の累積リターン

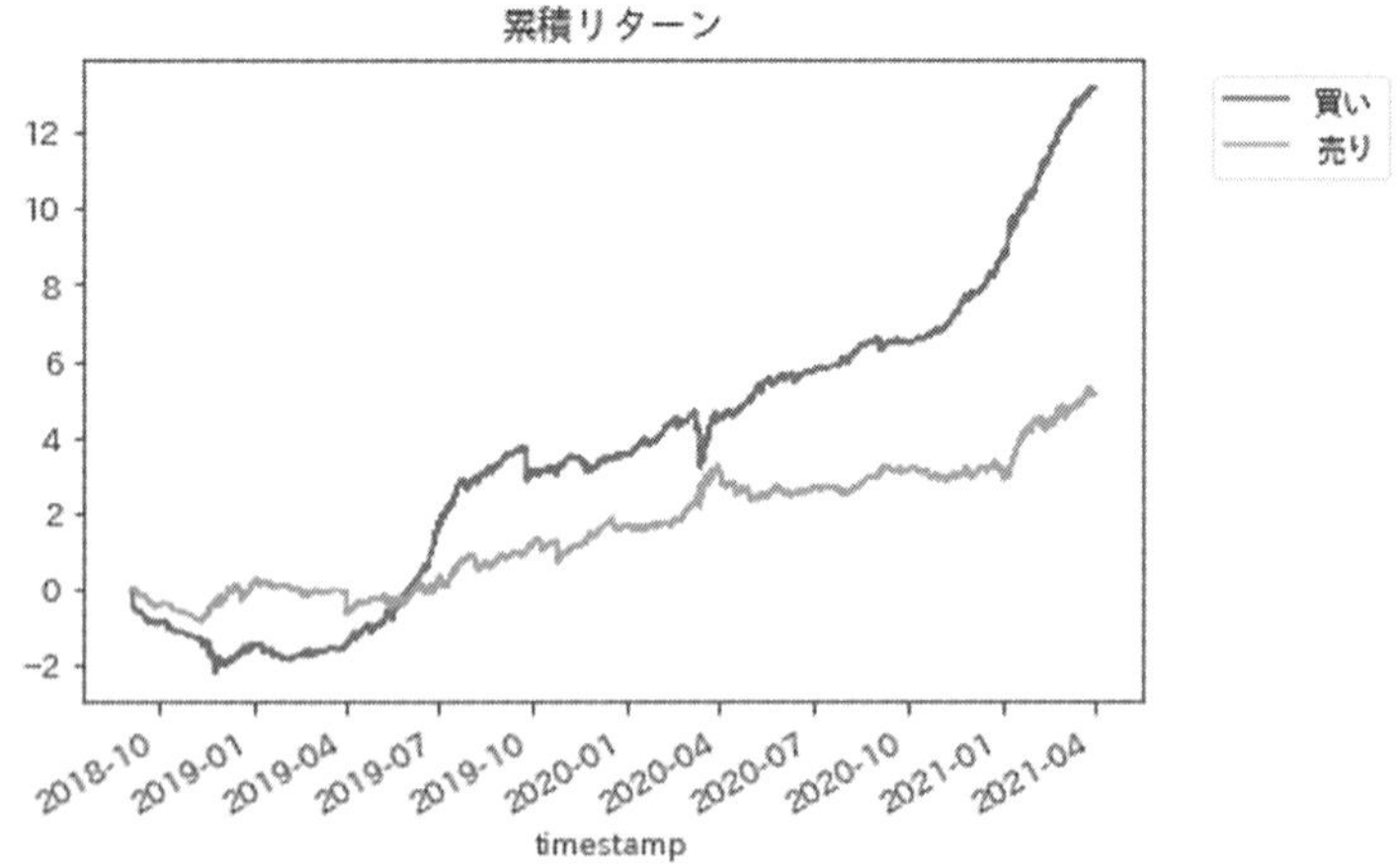

```
print('毎時刻、この執行方法でトレードした場合の累積リターン
')
df['y_buy'].cumsum().plot(label='買い')
df['y_sell'].cumsum().plot(label='売り')
plt.title('累積リターン')
plt.legend(bbox_to_anchor=(1.05, 1))
plt.show()

df.to_pickle('df_y.pkl')
```

モデル予測値のことです。OOSはOut-of-sampleの略で、サンプル（学習に使ったデータサンプル）の外という意味があります。OOSで計算する理由は、条件をなるべく本番と同じにするためです。本番稼働時は、学習に使っていないデータ（未来のデータ）に対処しないといけません。

Cross Validationを使い、OOS予測値を計算する関数がmy_cross_val_predictです。my_cross_val_predictは、sklearn.model_selection.cross_val_predictとほぼ同じ処理ですが、cross_val_predictは入力と出力のサイズが同じでないと使えないので、入力と出力のサイズが異なっていても使えるように、自前で書いています。KFoldなら入力と出力のサイズが同じなのでsklearn.model_selection.cross_val_predictを使えますが、TimeSeriesSplitでは使えません。

OOS予測値計算の流れは以下のようになります。

1. 様々な方法（cv_indicies）でデータを学習データ（train_idx）とテストデータ（val_idx）に分割
2. 学習データでモデルを学習（fit）
3. テストデータでモデル予測値を計算（predict）
4. 1に戻り、cv_indiciesの長さ分、繰り返す

以下のコードでは、y_buy, y_sellのOOS予測値を、それぞれy_pred_buy、y_pred_sellと表記しています。

## 3. モデルの学習とOOS予測値計算

本番稼働時に使うモデルの学習と、OOS(Out-of-sample) 予測値の計算を行います。

基本的なアイデアはy_buy, y_sellを予測し、予測値がプラスのときのみトレードすれば勝てるだろう、というものです。y_buy, y_sellそれぞれの予測モデルが必要です。

### 本番用モデルの学習

本番用モデルはデータ全体で学習させます。y_buy、y_sellそれぞれの予測モデルを作り、保存します。保存したモデルはこのチュートリアルでは使いません。本番稼働するときに使います。

### OOS(Out-of-sample) 予測値

Cross Validationを使って、y_buy, y_sellのOOS予測値を計算します。OOS予測値はバックテストのために必要です。
Cross Validationはモデルの成績を測る方法の一つです。大まかに言うと、様々な方法でデータを学習データとテストデータに分割し、学習データで学習させたモデルを、テストデータで評価するという方法です。詳細はsklearnのドキュメントや、Kaggleで勝つデータ分析の技術を見てください。
OOS予測値は、モデルの学習に使っていないデータ期間での

```
te=1)

# アンサンブル (コメントアウトを外して性能を比較してみてください)
# model = BaggingRegressor(model, random_state=1, n_jobs=1)

# 本番用モデルの学習 (このチュートリアルでは使わない)
# 実稼働する用のモデルはデータ全体で学習させると良い
model.fit(df[features], df['y_buy'])
joblib.dump(model, 'model_y_buy.xz', compress=True)
model.fit(df[features], df['y_sell'])
joblib.dump(model, 'model_y_sell.xz', compress=True)

# 通常のCV
cv_indicies = list(KFold().split(df))
# ウォークフォワード法
# cv_indicies = list(TimeSeriesSplit().split(df))

# OOS予測値を計算
def my_cross_val_predict(estimator, X, y=None, cv=None):
    y_pred = y.copy()
    y_pred[:] = np.nan
    for train_idx, val_idx in cv:
        estimator.fit(X[train_idx], y[train_idx])
        y_pred[val_idx] = estimator.predict(X[val_idx])
```

改良ポイント

〈パージ〉

このチュートリアルで使う目的変数（y）は、将来のリターンから計算するので、計算に未来のデータが使われています。特徴量の計算には過去のデータが使われています。つまり、ある時刻のデータには前後のデータの情報が含まれています。

なので、KFoldやTimeSeriesSplitで分割すると、テストデータに学習データの情報が混入する可能性があります。

すると、バリデーションとして不適切になります。実際の問題設定と乖離するからです。実際は、将来のデータを学習時に利用することはできません。

これを防ぐために、パージという手法があります。学習データからテストデータに時間的に近いデータを取り除く手法です。

このチュートリアルでは説明をシンプルにするために、パージを使っていません。この辺のことは、『ファイナンス機械学習―金融市場分析を変える機械学習アルゴリズムの理論と実践』（マルコス・ロペス・プラド著、長尾慎太郎・鹿子木亨紀訳／金融財政事情研究会刊）に詳しく書かれています。

```
df = pd.read_pickle('df_y.pkl')
df = df.dropna()

# モデル (コメントアウトで他モデルも試してみてください)
# model = RidgeCV(alphas=np.logspace(-7, 7,
num=20))
model = lgb.LGBMRegressor(n_jobs=-1, random_sta
```

図3-7
毎時刻、y_predがプラスのときだけトレードした場合の累積リターン

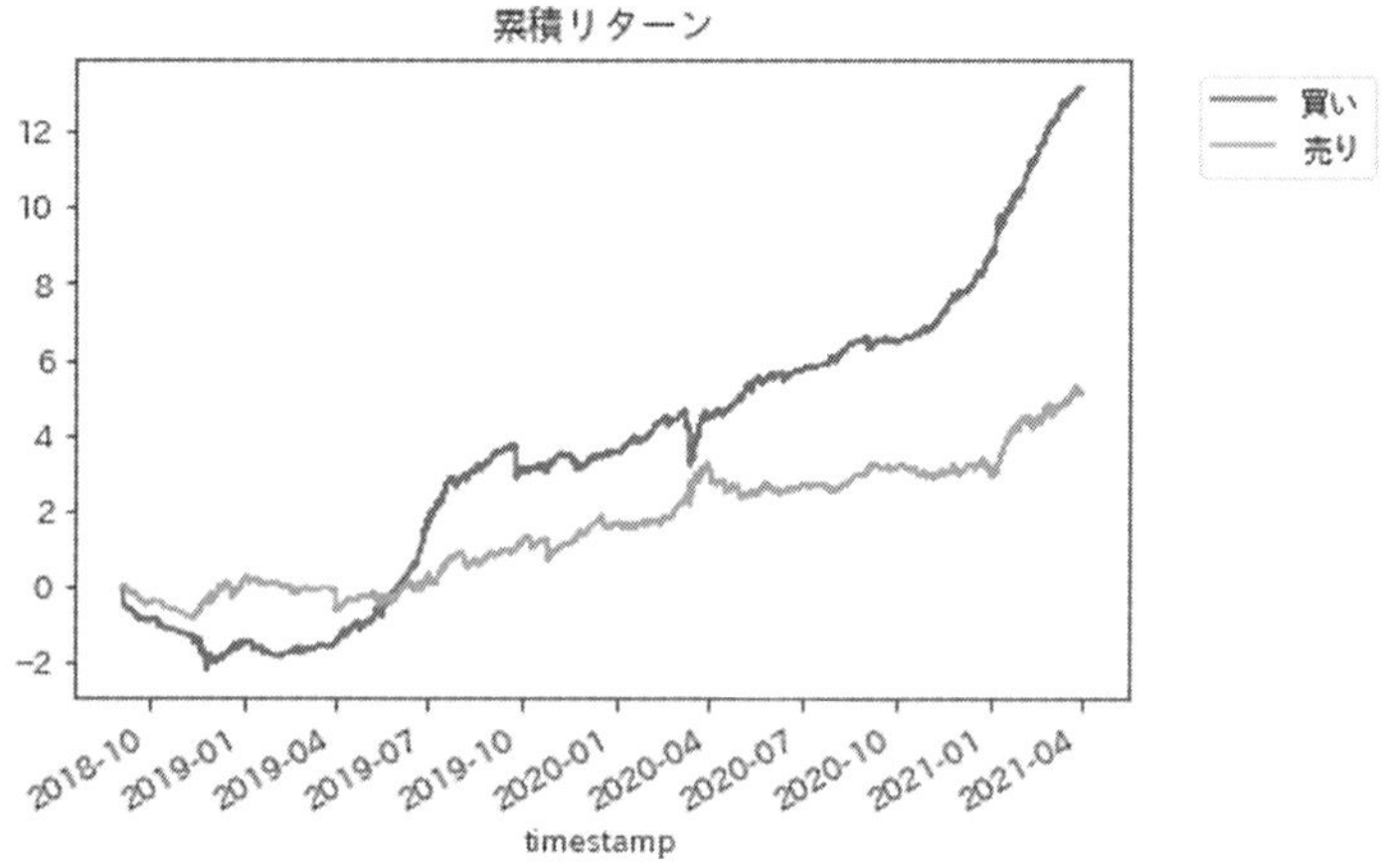

```
    return y_pred

df['y_pred_buy'] = my_cross_val_predict(model, df[features].values, df['y_buy'].values, cv=cv_indicies)
df['y_pred_sell'] = my_cross_val_predict(model, df[features].values, df['y_sell'].values, cv=cv_indicies)

# 予測値が無い(nan)行をドロップ
df = df.dropna()

print('毎時刻、y_predがプラスのときだけトレードした場合の累積リターン')
df[df['y_pred_buy'] > 0]['y_buy'].cumsum().plot(label='買い')
df[df['y_pred_sell'] > 0]['y_sell'].cumsum().plot(label='売り')
(df['y_buy'] * (df['y_pred_buy'] > 0) + df['y_sell'] * (df['y_pred_sell'] > 0)).cumsum().plot(label='買い+売り')
plt.title('累積リターン')
plt.legend(bbox_to_anchor=(1.05, 1))
plt.show()

df.to_pickle('df_fit.pkl')
```

2. 現在ポジションがマイナスの場合、エグジット用の買い指値を出す
3. 最大ポジションまで余裕があり、y_pred_buyがプラスのとき、エントリー用の買い指値を出す
4. 最大ポジションまで余裕があり、y_pred_sellがプラスのとき、エントリー用の売り指値を出す

私の経験上、このルールでトレードすると、前項の累積リターン（買い+売り）とは少し差が出ますが、だいたい似たような成績になります。

**統計的検定とエラー率**

統計的検定を使うと、バックテストで得られた結果が偶然なのかそうでないのかを、見積もれます。

検定ではエラー率が重要です。ここで言うエラー率は、False Positive(本当は偶然なのに、偶然ではないと判定されてしまうこと）の確率のことです。

エラー率は低いほど良いです。エラー率は100000分の1以下が良いと思います。その根拠は次の通りです。

実験は何度も行います。仮に、実験を1000回行ったとすると、そのうちの一回くらいはFalse Positiveが出てしまうかもしれません。そのまま運用したら勝てません。もし、エラー率が100000分の1以下であれば、1000回やってもFalse Positiveが出る確率は1%以下です。つまり、運用すれば99%以上の確率

## 4. バックテストと検定

バックテストと検定（統計的検定）を行います。

### バックテスト

バックテストとは、過去データに対して、トレードをシミュレーションして、どのくらいの成績が出るかを見ることです。

シンプルに考えると、y_pred_buyがプラスのときだけy_buyを再現するようなトレードを行い、y_pred_sellがプラスのときだけy_sellを再現するようなトレードを行えば、前項の累積リターン（買い+売り）を再現できます。

しかし、これをそのまま再現しようとすると、偶然にも、買い指値のみ約定して、売り指値が約定しないことが続いた場合、ポジションがロング側に増えていき、レバレッジが上がってしまいます。レバレッジが上がると、取引所のレバレッジ制限、ポジションサイズ制限に引っかかったり、急変時にロスカットされる可能性が高まるので、良くないです。

そこで、ポジションサイズが大きくなりすぎないように、以下のようなトレードルールでバックテストします。具体的な計算式はソースコードを見てください。

1. 現在ポジションがプラスの場合、エグジット用の売り指値を出すこの問題を緩和するためにp平均法を考えました。以下のような手法です。判定に使うp値平均は低いほうが良いです。

1. リターン時系列をN個の期間に分割
2. 各期間でt検定してp値を計算する
3. 得られたN個のp値の平均を取る
4. p値平均を判定に使う

詳しく分析できていませんが、一つでも大きいpがあると、p値平均が大きくなってしまうので、すべての期間で安定して儲かる場合のみ有意になる点が、ポイントかなと思います。

p平均法はcalc_p_meanで、p平均法のエラー率はcalc_p_mean_type1_error_rateで計算しています。

p平均法の説明は、上級チュートリアルにも書きました。

**改良ポイント**

〈含み損によるゼロカットの考慮〉

説明をシンプルにするために、バックテストで含み損によるゼロカットを考慮していません。バックテストのコードを修正すれば対応できると思います。レバレッジを決めるヒントになると思います。

**注意点**

〈バックテストの累積リターン曲線に注目しすぎない〉

バックテストの累積リターン曲線はあまり見ないほうが良いと

で勝てるということです。
厳密には、統計的検定は様々な仮定の上に成り立っており、それらの仮定は現実で成り立たなかったりするので、99%以上の確率では勝てないと思います。でも、何も根拠が無いよりは勝ちやすいと思います。

**p平均法**
私が独自に考えた手法です。
トレード成績の検定は、普通はt検定とかを使うと思います。ファイナンス機械学習―金融市場分析を変える機械学習アルゴリズムの理論と実践で提唱されているPSR（Probabilistic sharpe ratio）やDSR（Deflated sharpe ratio）などもありえます。
これらの手法の問題は、リターンの長期的な変化に弱いことです。例えば、3年前はすごいプラスだったけど、直近1年はマイナスで、期間全体で見るとプラスの場合、未来で勝てるか怪しいですが、これらの手法を使うと、安定して儲かるとみなされる可能性があります。これらの手法はサンプルの順番を考慮しないので、直近1年がマイナスということを、知り得ないからです。

また、上級チュートリアルのハイパーパラメータチューニングで使われているNested-CVを使うのと、このような問題を緩和できます。

〈完全な右肩上がりにこだわりすぎない〉

完全な右肩上がりにはこだわりすぎないほうが良いです。

理由は、利益の絶対額が上がりづらいからです。綺麗な右肩上がりのストラテジーは利益率が高いことが多いですが、利益の絶対額が小さいことが多いです。時間軸が短くないと綺麗な右肩上がりになりづらく、時間軸が短いと利益の絶対額が小さくなりがちだからです。

ほぼ毎日プラスを目指す代わりに、一ヶ月単位でほぼプラスを目指すなど、人によって多少差があると思いますが、慎重になりすぎないのが良いと思います。

思います。理由は、見すぎると検定が妥当ではなくなるからです。

具体的にどう問題になるかというと、例えば、累積リターン曲線からコロナショックのときに大きくドローダウンすることがわかったとします。その情報から、コロナショックで効く特徴量とかを探して対応したら、コロナショック時の成績を容易に上げられてしまいます。こういうことをすると、テストデータの情報を学習にフィードバックしていることになります。テストデータを学習に使ってしまうと、OOS予測値がOOSではなくなるので、検定の妥当性が低下します。

バックテスト結果から多くの情報を得れば得るほど、実験者の脳を経由して、多くのテストデータ情報が学習にフィードバックされてしまいます。なのでバックテスト結果からはなるべく情報を得ないほうが良いです。情報を得てしまっても忘れたほうが良いです。

完全にこういうことを防ぐのは難しいとしても、細かい部分には注目しすぎないほうが良いと思います。

全体的に右肩上がりだなくらいの情報は読み取るとしても、コロナショックのときはどうとか、細かいことは見ないほうが良いと思います。試行錯誤をするときに、そもそもグラフを表示させないのも手です。

p値平均など、検定の結果だけを見るのが良いと思います。

```
* buy_entry[i]
            ret -= buy_cost[i] * vol
            pos += vol

        if sell_entry[i] and sell_cost[i]:
             vol = np.minimum(1.0, prev_pos + 1)
* sell_entry[i]
            ret -= sell_cost[i] * vol
            pos -= vol

        if i + 1 < n:
            ret += pos * (cl[i + 1] / cl[i] - 1)

        y[i] = ret
        poss[i] = pos

    return y, poss

df = pd.read_pickle('df_fit.pkl')
```

```
@numba.njit
def backtest(cl=None, hi=None, lo=None, pips=No
ne,
              buy_entry=None, sell_entry=None,
              buy_cost=None, sell_cost=None
            ):
    n = cl.size
    y = cl.copy() * 0.0
    poss = cl.copy() * 0.0
    ret = 0.0
    pos = 0.0
    for i in range(n):
        prev_pos = pos

        # exit
        if buy_cost[i]:
            vol = np.maximum(0, -prev_pos)
            ret -= buy_cost[i] * vol
            pos += vol

        if sell_cost[i]:
            vol = np.maximum(0, prev_pos)
            ret -= sell_cost[i] * vol
            pos -= vol

        # entry
        if buy_entry[i] and buy_cost[i]:
             vol = np.minimum(1.0, 1 - prev_pos)
```

図3-8

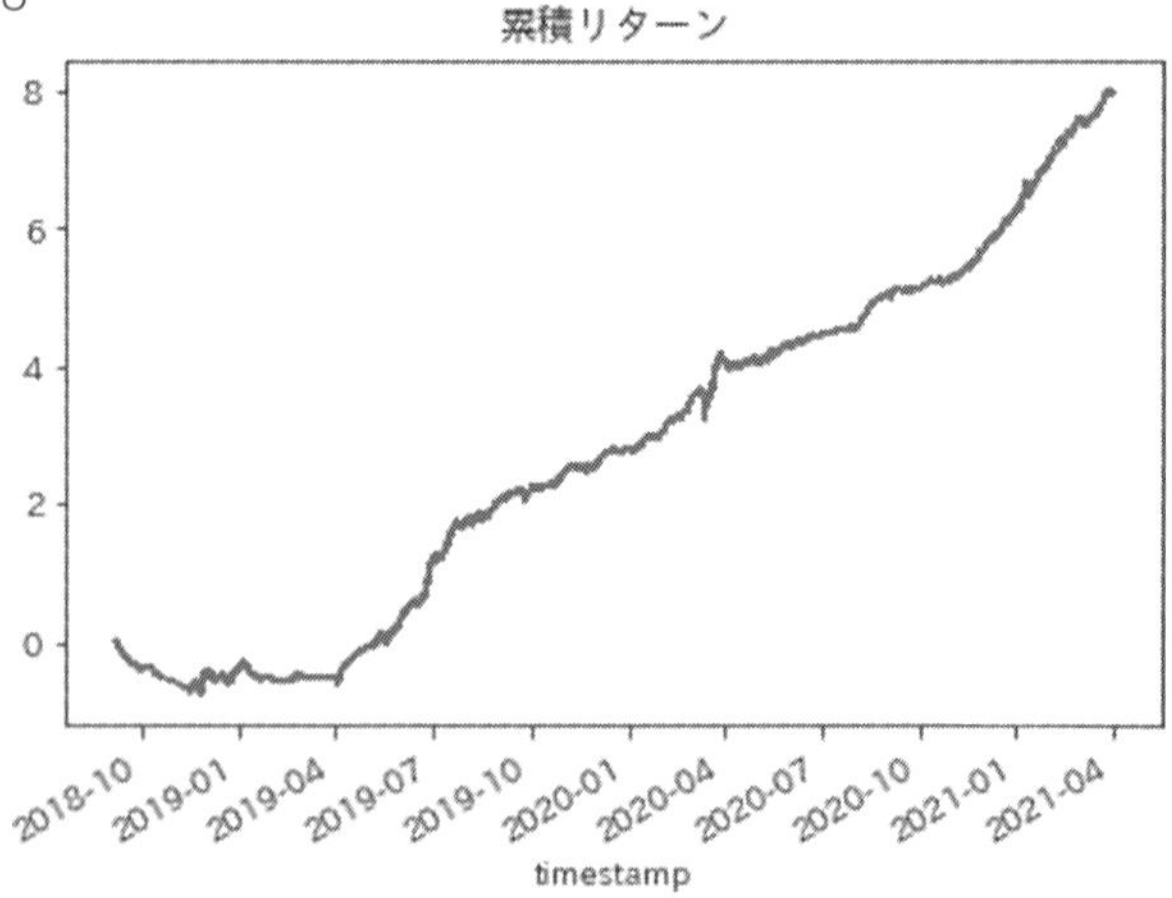


図3-9

ポジション推移です。変動が細かすぎて一色になっていると思います。ちゃんと全ての期間でトレードが発生しているので、正常です。

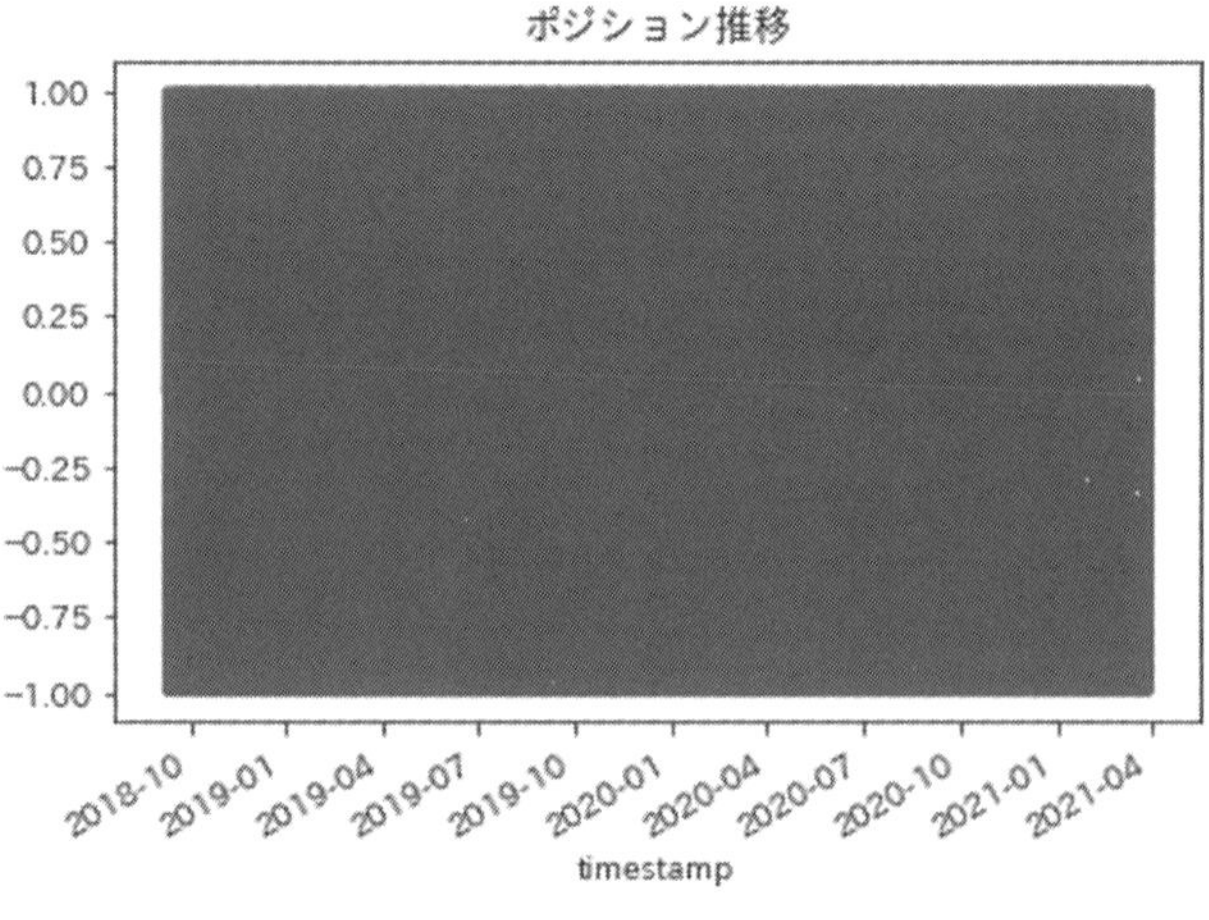

```
# バックテストで累積リターンと、ポジションを計算
df['cum_ret'], df['poss'] = backtest(
    cl=df['cl'].values,
    buy_entry=df['y_pred_buy'].values > 0,
    sell_entry=df['y_pred_sell'].values > 0,
    buy_cost=df['buy_cost'].values,
    sell_cost=df['sell_cost'].values,
)

df['cum_ret'].plot()
plt.title('累積リターン')
plt.show()

print('ポジション推移です。変動が細かすぎて一色になっていると思います。')
print('ちゃんと全ての期間でトレードが発生しているので、正常です。')
df['poss'].plot()
plt.title('ポジション推移')
plt.show()
```

図3-10
ポジションの平均の推移です。どちらかに偏りすぎていないかなどを確認できます。

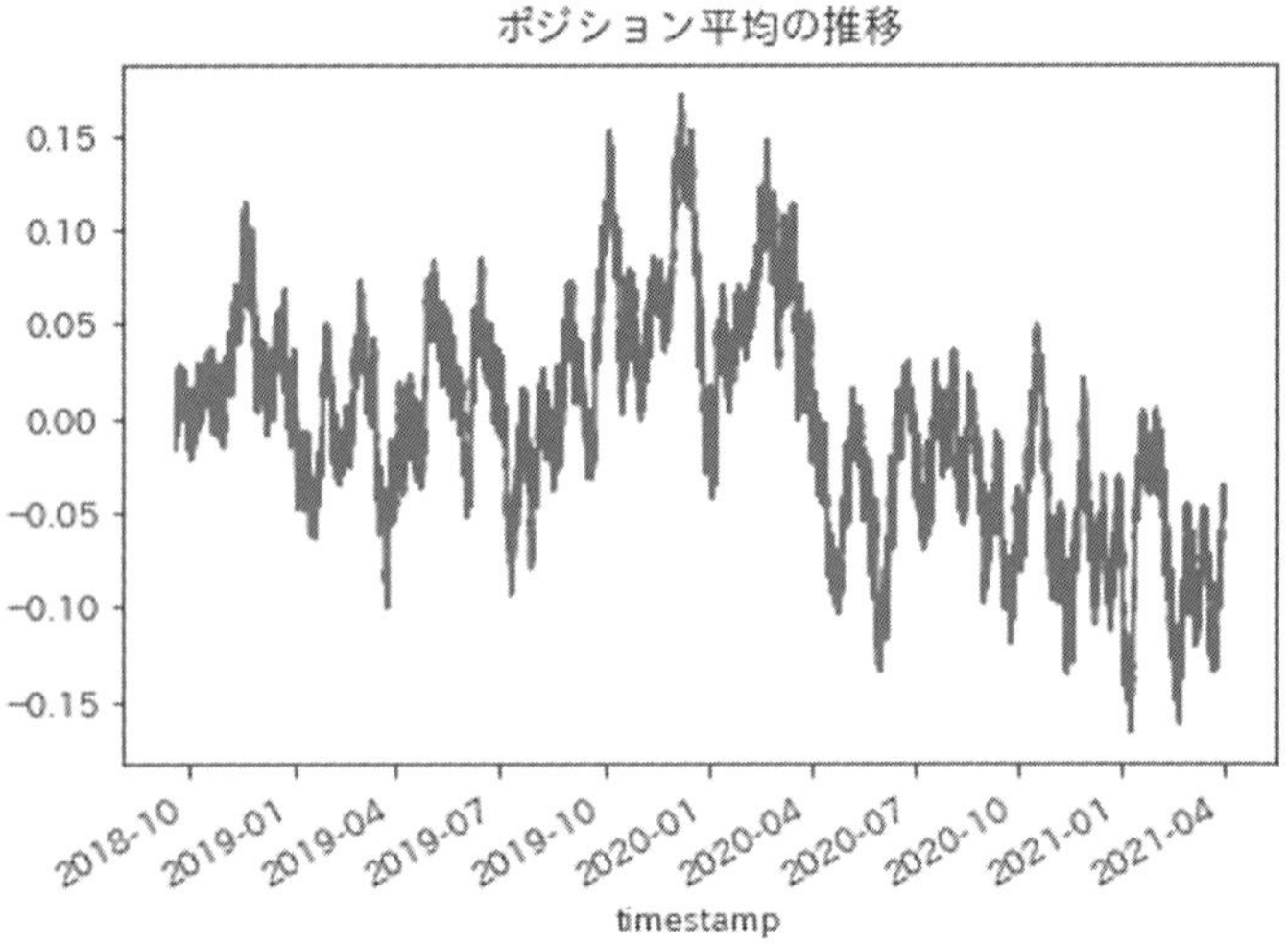

```
print('ポジションの平均の推移です。どちらかに偏りすぎていないかなどを確認できます。')

df['poss'].rolling(1000).mean().plot()
plt.title('ポジション平均の推移')
plt.show()

print('取引量(ポジション差分の絶対値)の累積です。')
print('期間によらず傾きがだいたい同じなので、全ての期間でちゃんとトレードが行われていることがわかります。')
df['poss'].diff(1).abs().dropna().cumsum().plot()
plt.title('取引量の累積')
plt.show()

print('t検定')
x = df['cum_ret'].diff(1).dropna()
t, p = ttest_1samp(x, 0)
print('t値 {}'.format(t))
print('p値 {}'.format(p))
```

図3-11

取引量（ポジション差分の絶対値）の累積です。

期間によらず傾きがだいたい同じなので、全ての期間でちゃんとトレードが行われていることがわかります。

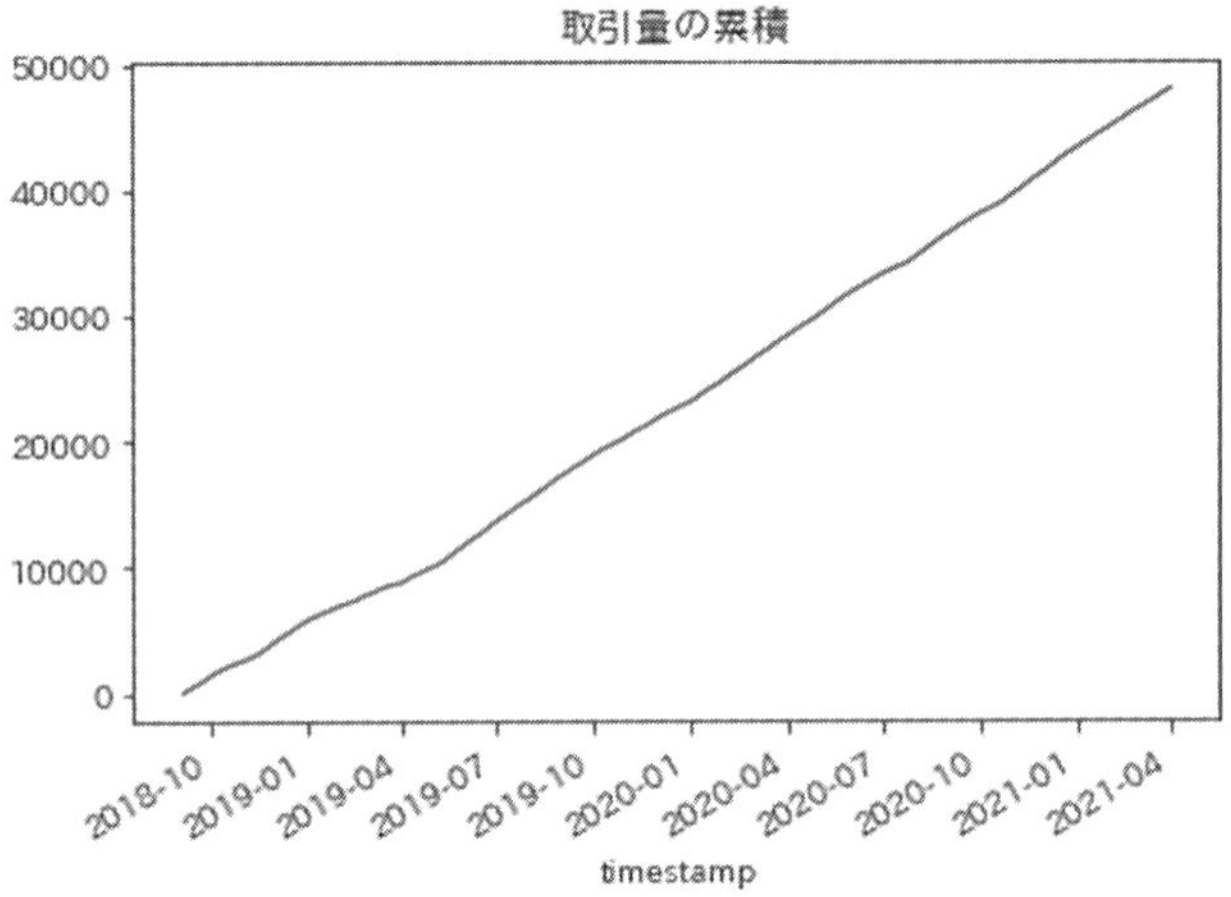


t検定

t値 7.215601410961145

p値 5.412607623050697e-13

p平均法 n = 5

p平均 0.20145366838856021

エラー率 0.008640615428434235

```
# p平均法 https://note.com/btcml/n/n0d9575882640
def calc_p_mean(x, n):
    ps = []
    for i in range(n):
         x2 = x[i * x.size // n:(i + 1) * x.size
// n]
        if np.std(x2) == 0:
            ps.append(1)
        else:
            t, p = ttest_1samp(x2, 0)
            if t > 0:
                ps.append(p)
            else:
                ps.append(1)
    return np.mean(ps)

def calc_p_mean_type1_error_rate(p_mean, n):
    return (p_mean * n) ** n / math.factorial(n)

x = df['cum_ret'].diff(1).dropna()
p_mean_n = 5
p_mean = calc_p_mean(x, p_mean_n)
print('p平均法 n = {}'.format(p_mean_n))
print('p平均 {}'.format(p_mean))
print('エラー率 {}'.format(calc_p_mean_type1_error_
rate(p_mean, p_mean_n)))
```

## 6. 実運用

バックテストで良い結果が出たら、実運用をします。このチュートリアルでは説明しませんが、機械学習の難易度と比べたら、かんたんに実装できると思います。わからない場合は、ネット上にいろいろな人のソースコードが転がっているので、参考にすると良いと思います。

### 注意点

〈どのくらいポジションサイズを増やせるか?〉

ポジションサイズが増えると、発注サイズが増えます。発注サイズが増えると、全量約定しなくなったり、自分の大きい注文が板に見えることにより、値動きに影響を与えたりすることがあります。そのようなことが起きると、実運用とバックテストが乖離し、成績が劣化する可能性があります。それを防ぐために、どのくらいポジションサイズを増やせるか、見積もる必要があります。

GMOコインは約定データが手に入るので、指値で約定する出来高を調べれば、どのくらいポジションサイズを増やせるか見積もれます。例えば、買いの指値であれば、指値より安い価格で約定した注文の出来高を調べれば良いです。

## 5. 良い結果が出たバックテスト例

richmanbtcが実際に使っているbotのバックテスト結果。青色はハイパーパラメータチューニングや試行錯誤に使った期間。青色期間とオレンジ色期間をまとめてウォークフォワードでバックテスト。

このように、全期間で右肩上がりになっていると、将来も安定する可能性が高い。ハイパーパラメータチューニングや試行錯誤に使わないデータを残しておくと、フィッティングしていないかの最終チェックができるので安心。

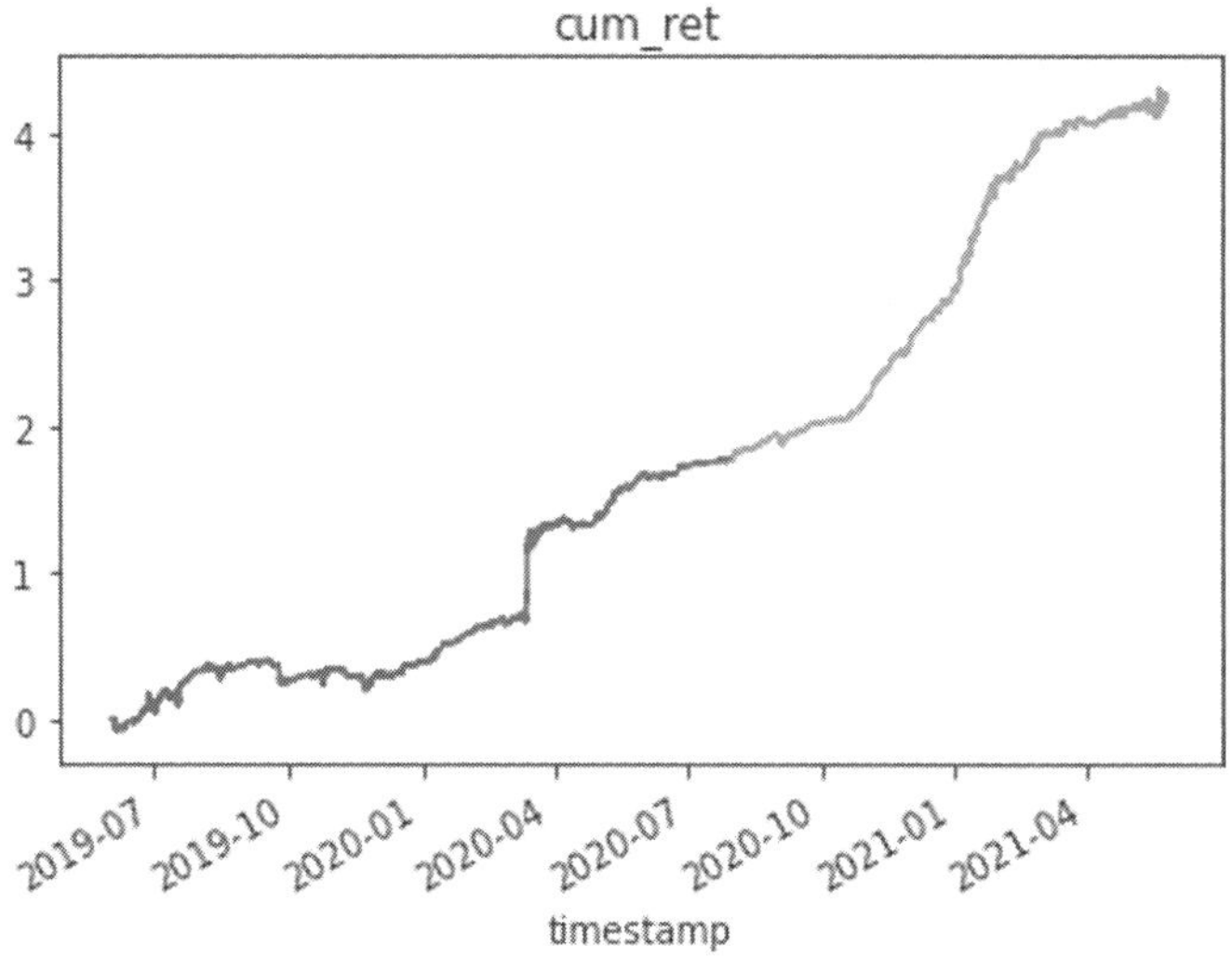

```
In [38]:
# 最大ポジションサイズと月次利益の見積もり例
amount_per_day_jpy = 1000.0 * 10000 * 10000 # 1
日の売買代金 1000億円
order_interval_min = 15.0 # 15分間隔で発注
monthly_return = 0.5 # 月次利益率 50%
my_order_ratio = 0.01 # 自分のbotの売買代金割合 1%

max_position_size = amount_per_day_jpy / (24 *
60) * order_interval_min * my_order_ratio
monthly_profit = max_position_size * monthly_retu
rn
print('最大ポジションサイズ {}円'.format(max_positi
on_size))
print('月次利益 {}円'.format(monthly_profit))
最大ポジションサイズ 10416666.666666668円
月次利益 5208333.333333334円
```

約定データが手に入らない場合は、全体の売買代金に対する自分のbotの売買代金の割合から見積もる方法もあります。15分ごとに発注するbotを例として考えます。1日の売買代金が1000億円だとすると、15分間の売買代金は約10億円と見積もれます。自分のボットの売買代金を全体の1%とすると、15分間で発注可能なのは、10億円×0.01 = 1000万円です。ドテンする場合は発注サイズは最大でポジションサイズの2倍になるので、可能なポジションサイズは500万円以下と見積もれます。ドテンしない場合は1000万円以下です。

〈1カ月で最大いくら稼げるか？〉

こうして求められた最大ポジションサイズに月次利益率をかけると、1カ月で稼げる最大額を見積もれます。例えば、ドテンしない場合で、月次利益率が50%だとすると、500万円です。見積もった額が自分が必要な額よりも小さい場合、試行錯誤の結果、もし勝てるようになっても、必要なリターンを得られないので、時間の無駄になります。その場合は、早々に取引所、取引ペア、時間軸などを変えたほうが、時間を節約できるかもしれません。

## 取引所のAPIに配置する

右肩上がりのストラテジーを見つけたら、あとはとんとん拍子に進みます。ここまでｂｏｔは、過去の取引データを基にＪｕｐｙｔｅｒで「仮想取引」をしていたに過ぎません。そこで次にはこれを取引所ＡＰＩに配置（実装→デプロイ）して、いよいよリアルな相場で動かします。

試行錯誤を重ねて「きれいな資産の右肩上がり」を描くよう鍛え上げたｂｏｔですが、最初は少額でのテスト運用から始めます。ＪｕｐｙｔｅｒとＪ取引所のシステムでは環境が異なります。発注はスムーズに通るのか、タイムラグはないか、止まってしまったりしないかなどを、入念にチェックする必要があります。

特に気を付けなければならないのは、システムメンテナンスです。例えば売買の発注を出した状態で取引所がシステムメンテナンスに入ると、取引所からの反応を待ち続けてｂｏｔが誤作動を起こすということがよくあります。これを無事に乗り越えないことには、安心できません。

## 本格的な運用・メンテナンス

テスト運用を経て問題なく動作することが確認できたら、本格的な資金を運用させます。順調に利益を上げていればいいのですが、問題は利益が出なくなった時です。

シミュレーションではきれいな右肩上がりを描けていたｂｏｔも、実際に運用していると、うまく稼げなくなることがあります。過去の相場と現在の相場は同じではないので当然かもしれませんが、ｂｏｔに不具合が発生している場合もありますし、ストラテジーが機能しなくなっていることも考えられます。

今の相場にアジャストするように修正を施すか、相場による一時的な現象として見守るかは、判断に迷うところです。下手に手を加えてしまうことで、待っていれば回復したパフォーマンスが失われてしまうかもしれません。ここだけはｂｏｔ取引であっても、トレーダーのメンタルが問われるところです。

## ｂｏｔ取引はストラテジー構築が９割

ここまで説明したｂｏｔ取引の手順をまとめると、以下のようになります。

①儲かるストラテジーを探す
②ｂｏｔの実装
③取引所ＡＰＩに配置する（デプロイ）
④運用

このうちｂｏｔｔｅｒが費やす時間の99％は「①儲かるストラテジーを探す」に充てられます。私が初めて儲かるｂｏｔを作った時には①に１カ月半かかりましたが、②〜④は半日でした。最大の壁である①を超えて実際に稼働すると、そこからは利益が積み上がるのが楽しみで、②〜④は自然と手が動きます。

プログラミングの知識がない人には「これだけの文字列を書かなきゃいけない

のか……」としんどく感じられるかもしれませんが、ライブラリーにあるものをコピペして自分なりに改造する作業が中心です。また、ｂｏｔが動く程度のプログラミングは非常にシンプルで、品質の低いコードでも問題なく動きます。

どうか恐れずにチャレンジしてみてください。そして、自分があくせくトレードしなくても勝手に稼いでくれるｂｏｔ取引の楽しさを、早く体験してください。健闘を祈ります！

# CHAPTER 4

## なぜ!?　突如“凍結”された<br>3億円を取り返すまでの闘い

## スケールが足りない！

2020年5月に月次1000万円の〝A級botter〟になった私は、その直後にモチベーションが低下して、数日間のスランプを経験しました。ですが、目指すべき頂はまだ上にあります。A級の上は、月次1000万円の〝S級botter〟です。

そこに到達するためには、どうしても乗り越えなければならない壁がありました。それが「スケールの壁」です。

スケールとは〝投資する資金の大きさ〟と言い換えてもいいかもしれません。利益を上げるにつれて自分のbotが繰り出す注文の金額は大きくなっていきましたが、取引所にそれに応じる規模の注文が出ていないと売買は成立しません。そのため、だんだんとJupyterで計算した通りの資産上昇カーブが描けなくなってきました。

例えば、私のbotがこれからビットコインが上昇すると判断して「○BTC

で100万円ぶん買いたい」という注文を出しても、使っている取引所のその価格に50万円ぶんの売り注文しか出ていなければ、希望の半分しか買えません。回数を重ねるほど機械学習の結果と実際のリターンが、合わなくなってくるのです。

そこで、生活資金を稼いでいるbotはそのまま動かしながら、別の取引所でのトレードにチャレンジすることにしました。取引所を分散することは、システム障害などに備えたリスク分散にもなります。

とはいえ、新しい取引所を使うということは、botterにとってそう容易なことではありません。取引するのは同じビットコインでも、呼値の単位（刻値の幅）や手数料体系が違うと、成績がまるで変わってきます。

ほんの数カ月前、最初に使っていた取引所でまったく利益が上げられなかった私が、同じbotを別の取引所に移植しただけで、たちまち稼げるようになったのです。その逆で、現在、生活資金を稼いでいるbotも、別の取引所ではまったく稼げないかもしれません。

新しい取引所を使うということは「そこで機能する新しいbotを開発しなければならない」ということと、ほぼ同義なのです。

そうした中で、ｂｏｔｔｅｒ界隈で新たに評価が急上昇している取引所がありました。調べてみると、最初に使っていた取引所とシステムやルールが良く似ていて（サービスはむしろ至れり尽くせりだった）、スムーズに移行できそうなこともわかりました。

生活費を稼ぐｂｏｔはそのまま稼働させつつ、早速新しい取引所で稼げるｂｏｔの研究開発に着手しました。

初めて取引所を移行（最初に使った取引所→ｂｉｔＦｌｙｅｒ）した4月には資金がカツカツだったので、取引所は二者択一でした。ですが、現在は順調に資産が増え、安定して月次１００万円を稼いでくれるｂｏｔを移動させる必要はありません。なので、新しい取引所で運用するｂｏｔを開発するのは〝新本社移転準備〟のような感じでした。

## 2020年9月の大暴落

何事もそうでしょうが、新しい挑戦にはトラブルが付きものです。

新しい取引所は最初に使っていた取引所とシステムやルールが似ていたので、かつて使っていたbotを改良して使おうと思っていたのですが、再起動したら大切な分足のデータが消失してしまいました。ある程度データがないと機械学習で精度が出ませんし、シグナルも出ません。当面、自前で蓄積が必要なストラテジーは作れないことが確定してしまいました。

とりあえず、取引所から取ってこれるデータだけでストラテジーを構築して稼働させていたのですが、9月3日に新しい取引所に入れていた資産の65%を失う〝大暴落〟に巻き込まれました。

朝、目が覚めていつも通りスマホを手に取って資産状況を確認しました。そこで目にした数字があまりに強烈だったので、私はそのままスマホを伏せて二度寝しました。今見た数字は夢だった、ということにしたかったのです。もちろん、二度目の目覚めでも資産は減ったままでした。

原因は米国株式市場の急落でした。新型コロナウイルスが猛威を振るっているにもかかわらず、株式市場は過去最高値を更新する強気相場が続いていました。ところが8月分のＩＳＭ非製造業景況感指数が事前予想をわずかに下回ったのをきっかけに利益確定の売りが出て、ダウは前日比２・７８％、Ｓ＆Ｐ５００は同３・５１％、ナスダックは同４・９６％下落したのです。その余波が仮想通貨市場にも来たのですが、もともとハイリスクな仮想通貨の下落は、株式市場よりもさらに大きく長く続きます。ビットコインは一時前日比６・９％（終値で５・４％）も急落し、８月初め以来の大幅安になりました。

新しい取引所で数段階目の試験運用をしていたストラテジーは、強制的にポジションを精算されてしまう〝ゼロカット〟こそ免れたものの、相当な痛手を負いました。しかし、生活資金を稼ぎ出す口座は無事でした。取引所と戦略が分かれていたことで、図らずもリスク分散ができました。

仮想通貨はときどき大暴騰・大暴落に見舞われて、その度に破産したり退場を余儀なくされる被害者が出ます。もちろんbotであれば〝異次元の値動きがくる可能性〟を想定した設計にしておくことも可能なのですが、1年に一度あるかないかのレアな値動きに備えた設計にすると、通常の相場でのパフォーマンスが大幅に低下します。

であれば、これは資金管理で対処するしかありません。極端な話、1つの取引所に入れておく資金を半分にしておけば、そこで〝ゼロカット〟を喰らっても資産全体では50%の減少で済みます。大暴騰・大暴落での大損失は受け入れた上で、botにはリスクいっぱいの勝負をさせた方が結果的に資産が早く増えていくという結論に達しました。

そうした紆余曲折と試行錯誤を経て、10月に新しい取引所の戦略が完成しました。これは非常によく稼いでくれ、完成から1カ月後、私はついに月次1000万円の〝S級botter〟になることができました。「BBbot」と名付けたbotは、現在(2021年8月現在)でも主力として、毎月数千万円を稼ぎ続けています。

## 運用中の口座が突然に凍結——1日目

BBbotを筆頭としたS級botチームが果敢にリスクに挑んで資産を増やしてくれる一方で、bitFlyerbotを中心としたA級botチームが着実に生活費を稼いでくれます。資金管理上、1つの取引所の運用資産が大きく増えたら、増えた分を別の取引所に振り分けてリスク分散を図る——ということをやっていました。

そんなある日、リスク分散のために使っていた取引所の1つで、突然3億円以上の資金が凍結されてしまうという〝事件〟が起こりました。

それは本当に突然に、何の前触れもなくやってきました。正確に言うとそれが直接の原因かはわからないものの〝前触れ〟はありました。ですが、私はそれを見逃していたのです。

2021年3月某日、その取引所から別の取引所にビットコインを送金しようとしたところ、送金制限がかかっていました。「おや?」と思って調べてみると、ビットコインだけでなくあらゆる仮想通貨と日本円に出金制限がかかっています。

最初はシステム上の不具合か何かだと思って、Twitterで調べてみたのですが、そのような現象に遭遇している人はいませんでした。これが世に言う「口座凍結」なるものであることを知ったのは後のことです。

すぐにサポートデスクに問い合わせをしました。しばらく待たされた後に対応に出たオペレーターは、

「ご迷惑をおかけして、大変申し訳ございません。調べましたところ、2カ月ほど前に弊社からお問合せのメールを送らせていただいたのですが、そちらに御回答をいただけていないようです。そのため、このような措置を取らせていただきました」

と言いました。問い合わせのメール？　自分では覚えがないのですが、何月何日何時に送ったメールで何を問い合わせたのかを聞いても、オペレーターは教えてくれません。「お教えできない決まりになっている」の一点張りでした。

これは仮想通貨の取引所に限りませんが、銀行でも証券会社でも、金融機関と

いうのはやたらとメールを送ってきます。

- ○月○日現在の資産状況について
- 定期的にパスワードを変更してください
- 連休中の稼働状況について
- システムメンテナンスのお知らせ
- 弊社を騙った詐欺メールにご注意ください

……等々。こう言っては何ですが、ほとんどのメールは大した用事ではありません。日常的に本サイトにログインして使っていれば、基本的に問題は生じないはずです。本当に重要で何かやらなければならないメッセージであれば、本サイトにログインした時に目立つように表示されます。

なので、すっかり油断していたのですが、確かに当該の取引所から「お問合せメール」は来ていました。内容は「資産額や取引目的などについてお答えください」というものでした。

## 短期間で儲け過ぎたのが理由!?

金融機関では口座開設に際して氏名/住所/連絡先電話番号/職業/年収/資産額/投資の目的などの情報を登録します。これらはログインした後の「マイページ」などで確認できて都度変更ができるのですが、転退職や転居をしても更新を忘れてしまいがちです。ですから金融機関は定期的に「マイページを確認してください。情報に変更があった場合には修正をお願いします」というリマインドのメールを送っているのです。銀行や証券会社を利用している人なら、誰でも心当たりがあるでしょう。

この時のメールも送信日時は2021年1月1日の深夜でしたから、タイミング的に自動送信であったと思います。取引所が設定している何らかのトリガー(登録してある資産額と実際の資産額との乖離や、前月の入金額の大きさ)によって発信されたものと思います。

ただし、文面には「1週間以内にお答えください」と書いてあって、そこだけがよくあるテンプレメールとは違っていました。私はこれを2カ月ちかく放置してしまいました。

確かに、資産額については登録済の情報とは大幅に変わっています。口座開設時、私の年収は見込みで100万円（ウェブサービスの収入）・資産額は100万円少々しかありませんでした。それが、その取引所に預けてあるだけでも、仮想通貨（評価額）と現金を合わせ3億円を超えていたのです。

ただ、資産が増えた過程は取引所はつぶさに把握しているわけで、反社行為によるものでないことは明らかなはず。何も口座凍結までしなくてもいいだろうと思いました。

もう1つの「投資の目的」は、アンケート程度の設問事項だと思っていました。自分の投資の目的が短期投資か中長期投資か、売買益重視（トレード／投機）か値上がり益重視（ガチホ／投資）かといったものです。

私はbotterなので基本的に短期投資・売買益重視ですが、人によっては「いつもは中長期投資だが、今は値動きが激しいから短期投資で利ザヤを取ろう」とか「短期投資のつもりだったが思いのほか安く仕込めたから、このポジションに関しては中長期投資にしよう」といったことをするはずです。この設問項目に厳密な回答をするのは不可能ですし、実際の投資行動と違っているからといって口座凍結の理由になり得るとは、どうしても思えないのですが……。

とはいえ、コールセンターのオペレーターさんに弁明したり議論をしても始まりません。メールを見落としていたのは私のミスですし、何も難しいことを聞かれているわけではありません。

常識的に考えて、問い合わせのメールに回答しなかったから社内規定に基づいた措置を取られただけで、回答すれば口座凍結は解除されるはずです。「投資資金」の金額を現在のそれに直し、「投資の目的」を回答してサクッと返信しました。

そして、ちょっと待っていれば使えるようになるだろうと、5000万円ほどを追加入金しました。今にして思えば、これは愚かな行為でした。なぜなら、私からの返信を受け取ったはずなのに、口座凍結は一向に解除されなかったからです。

## 再度の問い合わせにも説明はなし――8日目

1週間、待ちました。この取引所が使えないのなら、別の取引所に資金を移してトレードしたいのですが、出金さえもできません。音沙汰はまったくなしです。しびれを切らして、再びコールセンターに電話しました。すると、担当者から次のような答えが返ってきました。

「ご迷惑をおかけして、大変申し訳ございません。現在、お客様の口座は法令により出金制限をさせていただいております」

法令⁉ 私はてっきり口座凍結されたのは取引所の社内規定(問い合わせのメールには速やかに返信しなければならない、とか)によるものと思っていたので、〝法令により〟と言われたのは意外でした。もちろん「何の法令ですか⁉」と聞きましたが、それについてはまた「お答えできない」です。

ここで、私には1つ思い当たる件がありました。実は、こちらの取引所に口座開設した時、私は他県に住んでいました。その後、東京都に戻っていたのですが、うっかり住所変更の登録を忘れていたのです。口座凍結された原因がそれかもしれないと、すぐにマイページから変更しようとしたのですが、画面にはロックがかかっていて変更できません。

口座開設時にはマイナンバーも登録しているので、それによって税法上の何かを逃れることはありませんが、現住所が不正確なのが原因だとすると、行政への問い合わせ（住民票との照合など）が必要になるかもしれないので日数がかかっているのかなと思ったのです。

ですが、担当者は「もちろん正しい現住所を登録していただかないといけないのですが、今回の口座凍結はその件とは関係がありません」ときっぱりと言われました。

## 犯収法違反の疑い――9日目

金融庁、国民生活センター、JVCEA（一般社団法人日本暗号資産取引業協会）、FINMAC（証券・金融商品あっせん相談センター）などに相談しましたが、どうして口座凍結されたのか／どうしたら解除されるのか、解決の糸口すら見つかりません。

「これは最悪も覚悟しなければならないか――」

資産が戻ってこないリスクを見積もるために、取引所の利用規約を確認しました。何が引っ掛かっているか相変わらず心当たりはありませんが、何かで法令に違反してしまったのだとすると、利用規約上は全資産が没収されてしまうリスクもそこそこあるような気がしてきました。

あちこちググっていたら「犯収法」なるものを見つけました。正しくは「犯罪による収益の移転防止に関する法律」です。もともとは薬物犯罪収益に関するマネーロンダリングを防止するための規制でしたが、２００１年に米国同時多発テロが発生したことで国際的に規制強化がなされ、年々厳しくなっています。

ネット上では私のように突然口座凍結された人が、数人ですが「なぜだ⁉」「問い合わせしても理由を教えてもらえない」といった悲鳴にも似た書き込みをしていました。

この時点で、犯収法が関係しているらしいと書いている人はいませんでしたが、著名投資家ピーター・マコーマック氏が25年間メインバンクとしていた銀行から「送金先は暗号資産取引所か」を聞かれて答えなかったところ口座を凍結され、「回答するまで残高を出金させない」措置を食らったとのツイートを見つけました。

ピーター・マコーマック氏の件は英国の事例でしたが、日本でも同様の理由で口座凍結されてもおかしくはありません。根拠となる法律は何だろうかと調べたところ、犯収法に行きついたのでした。

早速、犯収法の条文（かなり長いです）を読んで見ると、例えば第四条では「特定事業者は顧客等との間で（中略）次の各号に掲げる事項の確認を行わなければならない」とあり、本人特定事項（氏名、住所、生年月日）や取引を行う目的などが挙げられています。また「政令で定める額を超える財産の移転を伴う場合にあっては、資産及び収入の状況の確認を行わなければならない」とあります。

これは最初のメールで聞かれたことに合致しますし、私は前年末に全ポジションを円にして税金分を出金し、年明けすぐにポジションを建て直すという作業をやっていました。仮想通貨は納税額を決定するのに、その年の利益を時価評価額（日本円換算）で算定しなければなりません。それをわかりやすくするためでしたが、これが「財産の移転」に該当すると判断された可能性があります。

さらに第五条には「特定事業者は、顧客等又は代表者等が特定取引等を行う際に取引時確認に応じないときは、当該顧客等又は代表者等がこれに応ずるまでの間、当該特定取引等に係る義務の履行を拒むことができる」とあります。私が問い合わせメールに返信しなかったことは「取引時確認に応じなかった」と判断されても致し方ありません。ですが、同時に「これに応ずるまでの間」ともありま す。遅れてしまいましたが、私は取引時確認に応じたので許される可能性はあると読み取れます。

また第八条には「特定事業者は、特定業務に係る取引について、当該取引においいて収受した財産が犯罪による収益である疑いがあるかどうか（中略）を判断し、これらの疑いがあると認められる場合においては、速やかに、政令で定めるところにより、政令で定める事項を行政庁に届け出なければならない」とあり、同第三項には「特定事業者は疑わしい取引の届出を行おうとすること又は行ったことを当該疑わしい取引の届出に係る顧客等又はその者の関係者に漏らしてはならない」ともあります。

以上を踏まえて、私なりに推測も含めてまとめると、今回の一連の流れはこういうことになります。

【1】納税額を確定させるため、私は前年末に全資金を円に換えて税金分を出金し、年明けにポジションを建て直す、という資金管理を行っていました（正確に納税するため日本円で年を越すのがポイント）。それによって取引所は、私に取引時確認（本人特定事項や取引を行う目的）をする義務が生じた。
【2】ところが問い合わせメールに対して私が回答しなかったので、取引所は私がそれに応じるまでの間、口座凍結することになった。
【3】口座凍結は「取引時確認に応じるまでの間」であり、私はそれに応じたので本来であれば措置は解除されてしかるべきである。だが、これとは別に、私の

これまでの取引に「収受した財産が犯罪による収益である疑い」が認められたので、取引所は行政庁に届け出た。もしくはこれから届け出ようとしている。

【4】法律上、行政庁に届け出たこと、もしくは届け出ようとしていることを取引所は私に漏らしてはいけないし、そもそも取引所は私を経済犯の容疑者だと疑っているから、私が何を聞いても頑なに「お答えできません」と応じている。

## 交渉の電話

疑わしい取引の届け出をされたくないので、三たび取引所に電話しました。その上で、

「もし自分の取引に〝疑わしい〟と思われる点があるならば、その疑念を晴らすために詳細な情報を提出する用意がある。口座凍結が法令に基づいた措置だとしても、3億円以上の資産を1週間以上拘束しておきながら明確な理由が説明されないのはいかがなものか⁉ 取引時確認を見落としていた非は認めるが、すでに回答から1週間以上経過しているので犯収法第五条の〝取引確認に応じるまで〟

の合理的な期間は過ぎている。まったく身に覚えのない疑いによって、何の説明もないままこれ以上資金が拘束され続けるなら訴訟も検討している」

と伝えました。訴訟について言及するのは言い過ぎたかとも思いました。悪く受け取られ、逆に（まだ行政庁に届け出がなされていない場合には）疑わしい取引にされてしまう可能性を高めてしまうかもしれない懸念もありました。

ただニューヨーク在住のビジネスライター、ロバート・タイ氏による「疑わしい取引報告 金融犯罪防止の最前線（後編）」というコラム※には、次のようにも書いてあります。

〝捜査に備えて、同行で対象口座の1つを凍結した。40万ドルの残高があったが、口座保有者からは強硬な抗議はなく、彼らの弁護士も行動を起こさなかった〟

恐らく、このあたりの事情は米国でも、日本でもそうは変わらないでしょう。米国のように権利主張が強く、あらゆる事案に弁護士が介入する国でもそうなのですから、日本ならさらに何も言わない人が多いでしょう。それがゆえに、判断がつかないから棚上げにされているとしたら、私の行動はプラスに働いた可能性もあるかもしれません。

犯収法をさらに読み込んでいくと、重大な違反をしていた場合、顧客に刑事罰が下るケースもあることが書いてありました。よしんば刑事罰にはならずとも〝疑わしい取引の届け出〟をされてしまった場合、必要に応じてその情報が国税や検察などに共有されることもありそうです。銀行口座が作れなくなるかもしれません。

自分が何をしたのかまったく心当たりはないのですが、3億円以上の資金が拘束され一方的に没収されてしまう可能性がある、その上さらに前科がついたり、金融口座が作れなくなるかもしれないという不安に、心が支配されていきます。トレードで1日1億円を失っても平気ですが、社会的信用を失うリスクは恐怖でした。

※TabisLand FRAUD MAGAZINE 疑わしい取引報告（後編）金融犯罪防止の最前線 ロバート・タイ著 SUSPICIOUS ACTIVITY REPORTS FRONTLINE DEFENDERS AGAINST FINANCIAL CRIME PART 2 OF 2 By Robert Tie https://www.tabisland.

ne.jp/acfe/fraud/fraud_049.htm

## 弁護士に連絡

ネットで刑事事件に強い弁護士事務所を見つけて、電話しました。

一般に、刑事事件では弁護士への相談や依頼は緊急を要します。出頭要請や任意同行でも、これに応じて警察署に連れて行かれると、外部から隔絶された状況で事情聴取が始まります。警察が疑いを持って取り調べを行うと、脅されたり誘導されたりして外堀が埋められ容疑が固められていき、都合のいい調書が作られて裁判の証拠にされてしまいます(と、弁護士事務所のホームページには書いてあります)。

なので、刑事事件に強い弁護士事務所の問い合わせ電話は、24時間受付になっていました。電話口の弁護士は、私から話のさわりを聞くや、

「もう(犯罪を)やった後ですか!?」

と、切迫した感じで聞いてきました。119に電話すると最初に「火事ですか、

救急ですか」と聞かれますが、まさにあんな感じです。何よりも最優先の確認事項なのでしょう。私は咄嗟に、

「犯罪は、まだです！」

と答えましたが、よく考えれば「犯罪はまだです」というのも、何だかおかしなやり取りです。私の相談は先方にとっては緊急の案件ではないと判断されたらしく、翌日の時間を予約して面談に行きました。

弁護士の先生曰く、私が刑事罰に問われる可能性は「ほぼない」とのことでした。私が何らかの規約に違反したことで訴えられる可能性についても聞きましたが、それについても「ほぼない」そうです。

法人が個人を相手に訴訟をするのは〝ダサいこと〟（弁護士の先生が本当にそう言いました）であり、百歩譲って私が疑わしい取引をしていたとしても、それを許していたのは取引所の汚点。なので、取引所が積極的に私を行政庁に告発することもないだろうとのことでした。

弁護士の先生が「この程度なら問題にならないよ」とわりとリラックスした様

子で話を聞いてくれたので、私もずいぶん気持ちが楽になりました。なにより、最も恐れていた社会的信用を失うリスクはほぼなさそうだとわかったのが大きかったです。

## 資産を取り戻すためのアクション——10日目

となれば、こちらから積極的に凍結されている資産を取り返すアクションを起こしても良さそうです。

まず、取引所が疑わしいと思っているかもしれない、自分の資産額についての〝補足情報〟をメールで送りました。具体的には資産と年収をどうやって稼いだのかの詳細です。資産額1００万円・年収見込み1００万円として口座開設した人間が、数億円を出し入れしていれば、怪しいリストに引っかかるのも当然かもしれません。

自動売買や複数の取引所を使っていることも書きました。犯収法で問題となるのは、恐らく虚偽や口座の貸し借りです。事実、犯収法の第六章（罰則を規定した章）には「他人になりすまして」という文言が何度も出てきます。

定期的に送金があるのは、他の取引所（もちろん私名義の口座です）で稼いだ利益を、こちらの取引所に入金しているのだと説明しました。本当のことです。さらに確定申告書を付けて、「必要であれば全取引データも送る」とも書き添えました。


それから、同じ取引所に開設してある法人口座からほぼすべての資産を出金しました。問題となっているのは個人口座ですが、取引所がこちらも関連付けて凍結してこないとも限りません。先に私は「何も悪いことをしていないんだからすぐに凍結解除されるだろう」と安易に5000万円を追加入金し、みすみす凍結資産を積み増してしまいました。これ以上、お人よしになるわけにはいきません。

さらに資産を取り返す方法について、民事専門の弁護士に相談しました。実際問題、3億円以上の資産が拘束されたままで、それについて明確な説明がないのは尋常ならざる事態です。日々、資産運用によって収益を生み続けていることもあり、機会損失を考えれば十分に損害賠償訴訟になり得るということでした。弁

護士の先生が、

「経験上、すぐにも動いた方が良い。最初のアクションとして、内容証明郵便を送りましょう」

ということで、早速準備に入りました。

その翌日（11日目）、弁護士に内容証明郵便を作成してもらうため、資料等を整理していた時に、取引所からメールが来ました。口座凍結されて以降、先方から連絡があるのはこれが初めてです。

内容は、「マイページ」からできなかった住所変更を、再度試してみるようにということでした。言われた通りにしてみたら、変更できました。

疑わしい取引の嫌疑を掛けられている間、取引所は利用者と連絡を取らず、問い合わせがあっても一切情報を伝えない運用になっているはずです。連絡がきたということは、その疑いが晴れたのかもしれないと思いました。

## ついに、出金制限解除――13日目

口座凍結から13日目、出金制限が解除されました。

取引所から「口座凍結を解除しました」という連絡があったわけではなく、自分で出金操作画面に入力できるようになっていることに気づきました。少額をテスト送金してみると、すぐに実行されました。

これまでネット上の情報を探し回っていましたが、口座が凍結されてから出金制限が解除された事例は見つけられませんでした。それもあって絶望感に苛まれていたのですが、シロとわかれば解除されるケースもあるということです。

結局、内容証明は出していません。もし、私がした〝何か〟によって動きがあったのだとしたら、9日目に電話をして訴訟について言及したことか、10日目にメールで送った「追加情報」です。しかし、何もしなくても、待っていれば解除されたのかもしれません。すべては闇の中です。

もうこんな怖い思いはしたくないので、その取引所からは資産の大半を出金することにしました。テスト送金はあっという間に完了したのに、全ての資金が出金されるまでにはまる1日かかりました。それがまた不安でもあったのですが、金額が大きかったからでしょう。

口座凍結から14日目、資金はすべて自分の手元に戻ってきました。

## トレーダーが気を付けるべき4項目

今回の事件から私が得た教訓、読者の皆さんに伝えたいことは〝犯収法違反をしないこと〟に尽きます。私の経験と調べから言及できる、具体的な対策は以下の通りです。

取引目的を聞かれたら、すぐに虚偽なく答えること。口座の共有や貸し借りは絶対にしないことです。犯収法では「他人になりすまして」「第三者にさせることを目的として」金融口座を利用することの罰則がたくさん書かれています。

仮想通貨ではないかもしれませんが、株式投資ではNISA枠を増やしたり株主優待を多くもらうために、配偶者や子どもの名義を使って投資している人がいると聞きます。実際にそれが原因で口座凍結されたという例は知りませんが、ルール上は禁止されています。甘く考えてはいけません。

転居したら速やかに届け出ること。預貯金だと数年に一度キャッシュカードの更新があったり(クレジット機能付きの場合)、株式投資だと株主総会の通知や株主優待が郵送されるので、転居後に届け出を忘れているとそれが発覚し、何らかの方法で通知や連絡があるものです。

しかし、FXや仮想通貨は口座開設時に本人確認のために配達証明付き郵便が届く以外は、基本的にはウェブサイトやトレードツール上でメッセージが確認できます。差し迫った必要がないと住所変更を後回しにしてしまったり、忘れてしまいがちです。注意しましょう。

なお、国内の金融機関は、わずかな例外を除いて海外に住まいを移すと口座を閉鎖しなければならないルールです。住民票を残し、親類などに頼んで郵便物が届くようにしておけば、取引はネットを通じてできますから問題ないと思われるかもしれません。ですが金融庁ホームページの「疑わしい取引の参考事例」では、

IPアドレスを見るケースもあるようです。

長期旅行などで海外から頻繁にアクセスしていると「住所を偽っているのではないか」「本人以外が取引しているのではないか」と疑いをかけられ、資産が凍結されてしまう可能性があります。

金融機関からのメールには必ず目を通すこと。私の事件の発端となった「取引目的を尋ねるメール」は最初に一通きたのみで、返答を催促するメールや電話連絡はありませんでした。アプリやトレードツールにも、アラートやリマインドはありません。受信しているのを見逃したことで〝一発アウト〟でした。

どうでもいいメールばかりだとついスルーしがちですが、氏名、住所、生年月日、取引の目的、職業、勤務先、資金の性質、資金源——等々のワードを含むメールは、フィルターで検知できるようにしておくと良いかも知れません。

出金制限されたら、それ以上は入金しないこと。自分は何も悪いことをしていないのだから、すぐに誤解は解けるし凍結も解除される——私は楽観的に考えて口座凍結された後に5000万円も追加入金してしまったのですが、今にして思えばまったく愚かな行為でした。

私の場合、結果的に〝シロ〟と判定されて全資産が戻りましたが、かなり幸運な事例と言えるかもしれません。ネット情報をあたる限り、いったん凍結された口座が解除されたという事例は、ほかに見つけられませんでした。それこそ弁護士を立てて裁判でも起こさない限り、取り戻せないケースの方が多いのかもしれません。

## 3億円を凍結されて思うこと

今回の件で、私は冤罪になった人の気持ちが、少しわかりました。

最初はちょっとした行き違い程度で、凍結の原因となった資産額や投資の目的を最新の情報に修正すれば、すぐに使えるようになると信じて疑いませんでした。

ところが、待てど暮らせど凍結が解除されず、取引所から連絡も来ず、問い合わせても何も教えてもらえない。

「3億円以上の資金が拘束される理由は何なのか⁉」

「大手取引所がこんな滅茶苦茶をするだろうか？」

「もしかしたら気づかない内に何かやらかしたのかもしれない」

「絶対そうだ、自分は〝疑わしい取引〟をしていたんだ」

「3億円は没収される。前科だってつくかもしれない……」

と、どんどん〝自分が悪い〟というストーリーに基づいて考えが進んでしまい、それに沿った情報を集めていました。あのまま一人で思い詰めていたらかなりヤバかったと思いますが、弁護士（刑事事件専門の弁護士）と話すことで、思考がニュートラルになりました。


何よりショックだったのは金額の多寡ではなく、この日本でこんなにも簡単に個人の資産が差し押さえられてしまうんだ、個人の権利が踏みにじられてしまうんだということでした。取引所の社内会議で、

「100万円が1年足らずで3億円になるわけないだろ」

「こいつ、絶対に何か悪いことやってますよ」

「凍結しちゃいましょう。金融庁に目ぇ付けられても何だし」

と話し合われている光景を妄想しました。トレーダーが楽して稼いだお金は凍

結してもいいんだ、仮想通貨なんて怪しいものをやってるんだから取り上げても構わないんだ、そんな風に思われているに違いありません。

これが預金や株式だったらどうだったろう、とも思います。銀行や証券会社には、企業や財閥や〝本当の富裕層〟が資産を置いています。その口座が〝一通のメールに返信がない〟という理由だけで、連絡もなくいきなり凍結されたりするでしょうか？　絶対にありえません。

要するに仮想通貨やその投資家／トレーダーは、何億円稼ごうが何百億円資産があろうが、社会的にはどうでもいい扱いで、誰からも保護してもらえないのです。そのことが、ただただショックでした。

## 納税の義務はきっちり果たす

そのような〝疑いの目〟を社会的に向けられていることを意識すればなおさら、納税の義務は厳密に、誰からも1ミリたりとも突っ込まれないように果たさなければなりません。

現在、仮想通貨に係る税制は、他の金融商品と比べると、かなり不利になっています。例えば株式や投資信託の場合、売却益や配当金に対して20・315％(所得税15％＋復興特別所得税0・315％＋住民税5％)の税金がかかります。これは「申告分離課税」で、給与など他の所得とは分け、あくまで〝投資で利益が出たぶん〟だけに適用されます。

確定申告していれば3年間の損失を繰り越して利益の出た年に節税できたり、NISAやiDeCoのように非課税になる(iDeCoは運用益が非課税になるだけでなく、投資資金が税額控除にもなる)口座もあります。預貯金も利子に対して課せられる税金は20・315％(内訳は同じ)です。政府の〝貯蓄から投資へ〟の方針に沿って、いろいろと有利な税制が適用されているわけです。

対して仮想通貨は、個人で行う場合は「雑所得」に分類され、給与など他の所得と合算しての「総合課税」で、収入に応じて税率がアップする「累進課税」です。ただし、仮想通貨取引で損失が出た場合でも、他の収入の利益とは相殺できません（損益通算禁止）。

税率は住民税を含めて最大55％、特例がある場合を除いて、株や投資信託のように翌年以降に損失を繰り越せる制度もありません。本業と合わせて、稼げば稼ぐほど、税金上は不利になる（税率が上がる）仕組みになっています。

仮想通貨の「合計所得」を計算するには「移動平均法」「総平均法」の2種類があって、どちらかを選択します（一度選択したら継続しなければならない）。

移動平均法は仮想通貨を購入するたびに、購入額と残高を平均して所得を計算します。総平均法は1年間の平均購入レート

**【所得金額と税率】**

| 課税される所得金額 | 税率 | 控除額 |
|---|---|---|
| 195万円以下 | 5% | 0円 |
| 195万円を超え　330万円以下 | 10% | 97,500円 |
| 330万円を超え　695万円以下 | 20% | 427,500円 |
| 695万円を超え　900万円以下 | 23% | 636,000円 |
| 900万円を超え　1,800万円以下 | 33% | 1,536,000円 |
| 1,800万円を超え4,000万円以下 | 40% | 2,796,000円 |
| 4,000万円超 | 45% | 4,796,000円 |

参考：国税庁「No.2260　所得税の税率」

上記は所得税のみ。これに加えて住民税などがかかる。

をもとに計算した総購入額と売却合計額の差額を出して、所得を計算します。

仮想通貨だと、ビットコインでイーサリアムを買うなど、仮想通貨で仮想通貨を売買することもできますが、移動平均法の場合は都度〝その時点で円換算して幾らの売買か〟を算出しなければなりません。

こういうややこしさを回避するために、私は「総平均法」を選択した上で年末にポジションをすべて手仕舞い、日本円で年を越すということをやっています。前年末の資産額と当年末の資産額（ともに日本円）を比較すれば、そのままその年の所得がわかります。

なお、資産が一定額を超えると「財産債務調書」も提出しなければなりません。

〝所得税等の確定申告書を提出しなければならない方で、その年分の退職所得を除く各種所得金額の合計額が2000万円を超え、かつ、その年の12月31日において、その価値の合計額が3億円以上の財産又はその価値の合計額が1億円以上の国外転出特例対象財産を有する方は、その財産の種類、数量及び価額並びに債務の金額その他必要な事項を記載した債務調書を提出しなければなりません。財産の「価格」は、その年の12月31日における「時価」又は時価に準ずるものとし

て「見積時価」によることとされています〟(国税庁ホームページ「財産債務調書制度のあらまし」令和2年9月より)

私は仮想通貨に詳しい税理士サービスと顧問契約を結んでいて、確定申告や各種手続きは代行してもらっていますが、税制上のルールを守ることには特に気を使っています。

## 仮想通貨の税率は今のままでいい

このように、仮想通貨に係る税制は、株式やFXに比べるとかなり厳しいルールになっています。当然ながら仮想通貨のトレーダーからは不満が多く聞かれますし、株式やFX投資家からは「リスクを負ってやっとこさ利益を得るのに、(最大税率で)半分以上も税金で持って行かれるなんてご愁傷様」と気の毒がられます。

ですが、意外に思われるかもしれませんが、私は〝仮想通貨の税制はこのままでいい。あまり触って欲しくない〟と思っています。

現実として仮想通貨をトレードすれば、資産を年1000倍に増やすことは可能です。世界中どこを探しても、こんな投資商品はほかにありません。最大税率で55%を持って行かれたとしても、1000倍が450倍になるだけで、まだ他の投資商品など足下にも及ばない十分すぎるリターンです。

ある投資商品が〝濡れ手に粟〟で儲かると知れると、たいてい世間から批判が起こって「規制しろ」「税率を上げろ」となります。仮想通貨は現在でも規制は十分に厳しく税率はMAXですが「こんなのに手を出している人は、いずれ暴落して大損するんだ」「苦労して儲けても半分以上は税金で持っていかれるんだよ」と思われているから、今のところ「もっと厳しくしろ！」という声は聞こえてきません。

今回の事件で思い知りましたが、個人の資産や自由な投資行動は、国のさじ加減1つで簡単に取り上げられてしまいます。税率55%程度で今のトレードスタイルと収益が維持できるなら、botterにとっては御の字です。気の毒がられているくらいが、ちょうどいいと思います。

# CHAPTER 5

## お金で実現できること——
## あなたも世界を変えられる

## 年間利益200億円目標に黄信号

ここまでのbotterとしての私の道のりを、駆け足で振り返ってみます。全ては1年半に起きた出来事です。

2020年2月下旬、預金残高が100万円を割り込み「あと半年足らずで破産する」というピンチで、私は仮想通貨のbot取引を思い立ち、研究を始めました。当初の目標は「月々の生活費20万円をコンスタントに稼ぎ出すこと」でした。

寝ても覚めても機械学習に明け暮れて1カ月、3月下旬に「p‐mean法」を発見。そのbotをbitFlyerに移植することで、4月末にようやく〝日次100円〟の利益を上げることに成功しました。

botの改良を重ねて5月上旬に日次2～3万円（平均）を稼げるようになりましたが、この頃は日次10万円稼げる日があれば逆に10万円損する日もあって、収益は安定しませんでした。早く目標の月次20万円に到達したいとの焦りからレバレッジを上げたものの、損益の乱高下にメンタルが付いていかず、5月半ばにスランプに陥ります。感情を排したbot取引であるはずなのに、意外にもトレーダーのメンタルが成績を大きく左右することを知りました。

そこでレバレッジを抑制しつつ、信頼のおける「ベテランbot」を再投入。これにより、日次10万円ペースを回復。5月下旬に月次140万円を達成して、念願だったA級botterになりました。

しかし、当初の目標を達成したら、次なる課題が現れました。「スケールの壁」です。bitFlyerの日々の取引量では、私のbotが繰り出す注文数を処理できる限界が見えてきて、6月から新たな取引所に対応するbotの研究を始めました。

そこで本格的な運用を始めようとした矢先、9月の大暴落に遭いました。機械学習のシミュレーションで想定に含めなかった値動きに、証拠金の80%、総資産の65%を失いました。

ですが生活に必要な資金はｂｉｔＦｌｙｅｒを始めとする取引所で稼げていたので、冷静に対処できました。リスク管理を見直して、10月に現在も主力として機能している「ＢＢｂｏｔ」が完成。11月に月次１０００万円をクリアしてＳ級ｂｏｔｔｅｒに名乗りを上げると、翌12月には月次１億円を突破してＳＳ級ｂｏｔｔｅｒになりました。

個人投資家の界隈では資産１億円に到達すると〝億り人〟と呼ばれて成功者の末席に座れますが、私はｂｏｔ取引を始めてわずか10カ月足らずで〝月次の億り人〟になることができました。ちなみに、２０２０年の年次利益は１億９０００万円（納税前）でした。

２０２１年は生活資金を稼ぐ取引所の１つで「3億円凍結事件」があり、年初に掲げた〝年間利益２００億円〟の目標達成に、黄信号が灯っています（8月現在）。何らかの手を打たないといけません。

主力のＢＢｂｏｔは、順調に稼働しています。月次１億円ペースであれば継続できるでしょうが、それ以上を稼がせようとすると、ＢＢｂｏｔも「スケールの壁」に直面するでしょう。遅くとも2022年までにはBBbotと同等か、それ以上を稼げる新作botを開発しなければなりません。

また、これは仮想通貨市場全体の動向がどうなるかにもよるのですが、相場が冷え込んで参加者が極端に減ってしまった場合には、私のbotが繰り出す注文数を捌ききれる取引所がなくなってしまう可能性も考えられます。個人的には「2029年までにビットコインの普及率は90%に達し、1BTCの価格は1億円に達する」という分析モデルに期待を寄せているのですが、これればかりはアテになりません。

もし、信頼のおける世界中の取引所を使っても「スケールの壁」が突破できないとなれば、キャパシティが格段に大きい株式市場に参入することも視野に入れています。

個人投資家によるbot取引に門戸を開いている国内証券会社は限られていますが、この期に及んで日本市場にこだわる理由はありません。数百億円単位を動かすならば、幾らでも可能性は探れます。

## 「月収1億円」で暮らしはどう変わったか

生活のために月次20万円を稼ぐのが目標だったところから、約1年で毎月1億円を稼げるまでになりました。生涯にわたって現在の生活水準を維持できるだけの現金は別に確保してありますし、資産も預託先も分散してあります。もう一生、お金に困ることはないでしょう。

それだけの資産を得て暮らしの何かが変わったかというと、見た感じではほとんど変わっていないのです。まだ1年ほどしか経っていませんし、ほとんどの時間をbot開発に割いてきたので、当たり前と言えば当たり前なのですが――。

そんな中でも変わったことがあるとすれば、三度の食事が一袋20円のもやしからUber Eats（で注文するメニュー）になったことと、どこへ行くにもタクシーを使うようになったことでしょうか。

私の場合、世間一般の人たちが想像する「豪勢な暮らし」がしたいとは露ほども思わないのですが、「便利な暮らし」や「有益で効率的な時間の使い方」に対する欲求は、かなり強くあることに気づきました。

現在の住まいは東京都内の住宅街にあり、公共交通機関を使っての都心部へのアクセスは悪くはないのですが、階段の上り下りや待ち時間を考えると、ドアツードアで運んでくれるタクシーの利便性が優ります。

当初の「月々の生活費を安定して稼ぎたい」という目標は2カ月足らずで実現できたのですが（そこに至る日々の内容が濃厚過ぎたので、自分では決して短期間に達成した感じはありません）、そこで満足して終わらずに「もっと、もっと」と上を目指したのは、単にお金が欲しかったのではなかったからだと思います。

私のトレードに対するモチベーションは、アスリートのそれに近いかもしれません。最初に自分の目標を設定して、どうすればそれを達成できるかを必死になって考える。試行錯誤を繰り返して、挫折を乗り越え、努力を重ねて当初の目標に到達する。そうして当初の目標を達成すると、その瞬間に次の目標が現れるのです。

自分との戦いやライバルとの競争がある中で、どんどん高みに上っていきました。界隈で一番になりたい、日本で一番になりたい、世界で一番になりたい――そんな感じでB級、A級、S級、SS級と階段を駆け上がり、頑張ってきた結果が、今日に繋がっています。

資産が増えてその金額に満足するというよりも、botterの界隈で注目され賞賛されることに大きな達成感を覚えます。ライバル達が難しい相場にアジャストできず苦悩を吐露する中で、自分のbotが大きな利益を稼ぐと「俺を見てくれ！」と叫びたくなります。

逆にライバル達がガンガン稼いでいるのに、自分のbotが思うような成績を上げられないと「なんでなんだ！」と頭を掻きむしるほどに嫉妬して、それが新しいbotを開発する原動力になるのです。

他のbotterとリアルで会ったことはないのですが、Twitterで成果を報告し合える環境がなければ、自分のトレードもここまでになっていなかったただろうことは明らかです。

お互いに名前も属性も知らない人達の集まりですが、このコミュニティはこれからも大切にしていきたいと思っています。本書を読まれてbotterになる方がいましたら、ぜひ参加してください。といってもTwitterをフォローしたり、noteをチェックしていただくだけですが、界隈への恩返しも兼ねて時々意図的に〝ポロリ〟をするかもしれません。

## 2022年の目標は年間利益1000億円

2022年の目標は、年間利益1000億円です。2021年の目標である年間利益200億円を達成できれば、理論上は可能な数字です。ただし先述の通り、これを実現するには「スケールの壁」問題を乗り越えなければなりません。現時点（2021年9月）で目途は立っていませんが、やるべきことは見えています。

資産総額1000億円に達すると、フォーブスの「日本長者番付」のTOP50に入れる可能性があります。他の資産家の状況（具体的には株価や土地評価額）次第にはなりますが、過去のランキングを見ると資産1000億円は2017年だと46位、2018年・2019年だとランク外、2020年だと43位、

| | | | | |
|---|---|---|---|---|
| 26 | 福嶋康博 | スクウェア・エニックス・ホールディングス | 2,310 | 73 |
| 27 | 内山 洋・靖子・秀 | レーザーテック | 2,260 | |
| 28 | 多田直樹・高志 | サンドラッグ | 2,200 | |
| 29 | 武井博子 | 武富士（創業者夫人） | 2,100 | 67 |
| 30 | 前澤友作 | スタートトゥデイ | 2,090 | 45 |
| 31 | 岡田和生 | ユニバーサルエンターテインメント（パチスロ機の製造等） | 2,070 | 78 |
| 32 | 飯田和美 | 飯田グループホールディングス | 2,040 | 81 |
| 33 | 藤田 晋 | サイバーエージェント | 1,980 | 47 |
| 34 | 小川賢太郎 | ゼンショーホールディングス（すき家 など） | 1,870 | 72 |
| 35 | 韓 昌祐 | マルハン | 1,860 | 90 |
| 36 | 上月景正 | コナミホールディングス | 1,820 | 80 |
| 37 | 島村恒俊 | しまむら | 1,760 | 95 |
| 38 | 松井道夫・千鶴子 | 松井証券 | 1,740 | |
| 39 | 和田成史 | オービックビジネスコンサルタント | 1,710 | 68 |
| 40 | 谷村 格 | エムスリー | 1,560 | 56 |
| 41 | 杉浦広一 | スギホールディングス | 1,550 | 70 |
| 42 | 鈴木郷史 | ポーラ・オルビスホールディングス | 1,540 | 67 |
| 43 | 新井隆司 | ビックカメラ | 1,430 | 74 |
| 44 | 森 佳子 | 森ビル（森稔夫人） | 1,420 | 80 |
| 45 | 中村崇則 | ラクス | 1,390 | 48 |
| 46 | 和佐見 勝 | 丸和運輸機関 | 1,380 | 75 |
| 47 | 寺下史郎 | アイ・アール ジャパン | 1,370 | 62 |
| 48 | 増田宗昭 | カルチュア・コンビニエンス・クラブ | 1,340 | 70 |
| 49 | 元榮太一郎 | 弁護士ドットコム | 1,320 | 45 |
| 50 | 里見 治 | セガサミーホールディングス | 1,310 | 79 |

出典：「Forbes JAPAN」8月号（リンクタイズ）

●日本長者番付2021

| 順位 | 氏名 | 企業名／ブランド名／業種 | 資産額（億円） | 年齢 |
|---|---|---|---|---|
| 1 | 孫 正義 | ソフトバンク | 4兆8,920 | 63 |
| 2 | 柳井 正 | ファーストリテイリング | 4兆6,270 | 72 |
| 3 | 滝崎武光 | キーエンス | 2兆8,420 | 75 |
| 4 | 佐治信忠 | サントリーホールディングス | 1兆690 | 75 |
| 5 | 永守重信 | 日本電産 | 9,920 | 76 |
| 6 | 高原豪久 | ユニ・チャーム | 8,810 | 59 |
| 7 | 三木谷浩史 | 楽天 | 8,260 | 56 |
| 8 | 似鳥昭雄 | ニトリホールディングス | 5,730 | 77 |
| 9 | 重田康光 | 光通信 | 5,620 | 56 |
| 10 | 毒島秀行 | SANKYO | 4,850 | 68 |
| 11 | 野田順弘 | オービック | 4,740 | 82 |
| 12 | 伊藤雅俊 | セブン&アイ・ホールディングス | 4,520 | 96 |
| 13 | 安田隆夫 | パン・パシフィック・インターナショナルホールディングス | 4,410 | 71 |
| 14 | 森 章 | 森トラスト | 4,300 | 84 |
| 15 | 土屋嘉雄 一家 | ベイイシアグループ | 4,190 | 88 |
| 16 | 三木正浩 | ABCマート | 4,080 | 65 |
| 17 | 小林一俊・孝雄・正典 | コーセー | 3,970 | |
| 18 | 襟川陽一・恵子 | コーエーテクモホールディングス | 3,640 | 70.72 |
| 19 | 宇野正晃 | コスモス薬品 | 3,530 | 74 |
| 20 | 大塚裕司 | 大塚商会 | 3,420 | 67 |
| 21 | 木下盛好 一家 | アコム | 2,860 | |
| 22 | 多田勝美 | ダイショーグループ | 2,540 | 75 |
| 23 | 荒井正昭 | オープンハウス | 2,530 | 55 |
| 24 | 栗和田榮一 | SGホールディングス | 2,480 | 74 |
| 25 | 山田進太郎 | メルカリ | 2,420 | 43 |

2021年だとランク外なので当落線上にあることがわかります。なお、このランキングは「総資産」による順位付けですが、私は「年次利益」だけでこれに挑もうとしています。

2023年以降は「日本長者番付」の1位を狙い、その先はもちろん「世界長者番付」に名を連ねることを目指していきます。ちなみに2021年のランキングで日本1位は孫正義さん（ソフトバンク・グループCEO）の4兆8920億円、世界1位はジェフ・ベゾスさん（アマゾン・ドットコム創業者）の1770億ドル≒約19兆4645億円です。

## 自由な個人が圧倒的な資産を持つとできること

日本の長者番付の顔ぶれを見ると、ほとんどが大企業の創業者かその一族で、資産内容は株式や不動産が中心です。つまり、現実問題として算定額は巨大でも、その全てをいつでも自由に好き勝手に使えるわけではなさそうです。

大企業の会長や社長あるいは創業者一族が、ある日突然「自分は宇宙で暮らしたいから、株も土地も全部売って宇宙船を買う」などと言い出したらどうなるでしょう？　大株主が保有株を一気に市場で売れば大暴落になりますし、ファンドやライバル企業が買い取れば企業支配に影響して大混乱が起こります。なので企業や銀行にあの手この手で説得されて、その人の希望は実現しないと思います。

けれども、どこにも属さず何のしがらみもない個人が、数千億円規模の圧倒的な資産を現金で持つならば、その人はその全額を気まぐれに、好き勝手に、思うがままに使えます。それによって世の中の潮流を変えたり、ある種の「ゲームチェンジ」を起こすことも可能です。

その稀有なケースが、ＺＯＺＯ創業者の前澤友作さん（２０２１年の日本長者番付30位）ではないでしょうか？　この方は自分が創業したＺＯＺＯの株式をヤフーに売却するなどして、２０９０億円の資産を保有するとされています。ＹｏｕＴｕｂｅチャンネルで「１０００億円を通帳に記帳してみた」という企画をやられていたので、少なくとも総資産の約半分は現金と推察されます。これだけ圧倒的な現金を、40代の個人が手にした事例はこれまでなかったのではないでしょうか？

前澤さんといえば、Ｔｗｉｔｔｅｒの〝お金贈り〟が有名です。その時々で条件があったりなかったりするのですが、自分のＴｗｉｔｔｅｒのフォロワーから「１００人に１００万円」「毎日10人に10万円」といった感じで、現金をプレゼントしています。

「目立ちたいだけ、承認欲求を満たしたいんでしょ」

「お金でフォロワーを買っているんだ」

「個人情報を集めて次のビジネスに使うに違いない」

「いやいや、ある種の税金対策だろう」

いろいろな人がさまざまに分析していますが、前澤さん自身はｎｏｔｅの「今後のお金贈りとフォロワー全員お金贈りについて」（２０２１年2月5日）で、その理由を次のように書いています。

それによると、当初はＺＯＺＯの初売りセールを盛り上げるためだったが、リツイート数がギネス世界記録になったりメディアに連日報道されるなどして反響の大きさに驚いた。同時に、お金の不自由を訴えるコメントがたくさん寄せられて、日増しに格差を生む資本主義の仕組みに違和感を覚えるようになった。そして次第に「自分に何かできることはないか」と考えるようになり、お金を配ることで「民間主導の富の再配分」をしたいと思ったというのです。

要するにこれは、資本主義の仕組みにある種のゲームチェンジを起こしてみようという試みではないでしょうか⁉ 前澤さんが〝発想が特別柔軟な人〟というのもあると思いますが、前提として「しがらみのない個人」が圧倒的な現金を手にしたからこそできることです。

## 世界に貢献し、歴史に名を残す

自分の力でゲームチェンジができたら、世の中の流れを変えられたら、面白いと思いませんか⁉ あなたは数千億円の現金を手にできたら、この世界にどんな一石を投じたいですか？

数学者にしてヘッジファンドマネジャーのジム・シモンズは、多くの数学者をトレードの世界に導いた人物です。同僚と「株式市場の動向の確率論的モデル」

を研究し、国防分析研究所の同僚だったレニー・バウムを誘ってヘッジファンドを立ち上げました（グレゴリー・ザッカーマン著、水谷淳訳『最も賢い億万長者　数学者シモンズはいかにしてマーケットを解読したか』より）。そして、数学と基礎科学の研究に多大な支援をし、娘さんがアスペルガー症候群だったことから自閉症研究に10億ドルの寄付をしています。

世の中は、効率的な方／利益になる方に、リソース（ヒト・モノ・カネ）が流れるようになっています。それは資本主義社会の必然なのかもしれませんが、しがらみのない個人が莫大な資金力を持つと、そこに流れを変えうる〝強引な一石〟を投じることができます。光の当たっていなかった分野に人々の注目を集め、設備や予算の足りなかったところに直接それらを投入できます。シモンズの富の使い方は、それを体現しています。

「この人たちを応援したい」「この分野を伸ばしたい」「ここに世間の注目を集めたい」と思うところにお金を投じて、実現する。自分の思いで、世の中の流れを変える――とても興味深いお金の使い方だと思います。

この10年、日本の大学は国際的なプレゼンスを急激に低下させていて、危機的な状況にあると指摘されています。慶應義塾大学環境情報学部教授でヤフー株式会社CSOの安宅和人氏は著書『シン・ニホン』(ニューズピックス刊)の中で、「15年ほど前まで東京大学は、オックスブリッジ、アイビーリーグ、MIT(マサチューセッツ工科大学)、カリフォルニア工科大学、スタンフォードなど世界の超有名校の次あたりに位置していたが、2019年夏現在、英国Times Higher Educationの世界大学ランキングでアジア6位、世界42位である」

「分野別にも見てみよう。(中略)今世の中を変えている分野でのプレゼンスは驚くほど低い。計算機科学を見るとトップ10どころか30、50にも1校も現れず、100校にも現れない。なんとこの米国でもっとも有名な大学ランキングでは、日本のトップ東大が135位、次点の東北大が180位という惨憺たる状況だ」と警鐘を鳴らしています。計算機科学とは「データサイエンス」のことで、まさにAI(人工知能/機械学習/ディープラーニング)の領域です。「失われた20年」を苦悶する間に、日本は世界から大きく立ち遅れてしまいました。ここから挽回するにはこの分野に思い切った予算をつけ、リソースを注ぎ込むほかないと、安宅氏は主張しています。

なるほど、確かにその通りだとは思いますが、新型コロナ対応で巨額の財政出動を連発し、なおも景気回復のために大規模な対策が必要とされる今、国は予算をつけられるでしょうか⁉　どうにも、後回しにされてしまいそうな気がします。米国の主要大学は卒業生から寄付を集めて財団を作り、投資によって運営資金の大半を賄っているといいます。ならば日本でも——。数千億円を稼ぎ出すｂｏｔｔｅｒが収益の一部を寄付し、かつその資金の運用も「投資ｂｏｔの開発協力」という形で担いながら後進を育てることで、ＡＩ後進国からの大逆転を図るシナリオもアリなのではないでしょうか⁉


日本は国も、組織も、個人も「投資によってお金は増やせる」のだということをもっとリアルに意識し、戦略に組み込んでもいいと思います。

お金があれば何でもできるわけではありませんが、お金がないために解決しない問題／お金さえあれば実現できる夢がたくさんあるはずです。

苦痛の対価としてではないお金の稼ぎ方・増やし方として、世界をより良くしていくための手段として、投資はもっと活用されるべきだと思います。仮想通貨botterが、それを実現する最も近い存在であると、私は確信しています。

# あとがき

ＡＩの機械学習によって「勝てる投資戦略」を見つけ、プログラミングによって「稼げるｂｏｔ」を作り、仮想通貨で資産を増やしていく――ｂｏｔｔｅｒの世界を、ご理解いただくことはできたでしょうか？

仮想通貨ｂｏｔｔｅｒは新しいジャンルであり、絶対数が多くありません。こうやって本を書いている私自身、始めて1年半なのです。これを読んであなたが参入してきても、まだまだ〝先駆者〟になり得ます。これから開拓できる領域は、ほぼ無限に広がっています。

私がどこまでできるか限界ギリギリまで挑戦したいタイプなので、本書の説明も、Ｂ級→Ａ級→Ｓ級→ＳＳ級→ＳＳＳ級とどんどん上を目指していく〝前のめりなスタイル〟にやや振れ過ぎてしまったかもしれません。もちろん、ｂｏｔｔｅｒが全員誰かと競争したり、張り合ったりしているわけではありません。

田舎に住みながら／子育てや介護をしながらのんびり仕事がしたい、仕事以外に安定的な収入が得られる手段が欲しい、趣味やボランティアの活動費を捻出したい、投資そのものを楽しみたい、トレードを通じて仮想通貨の未来を実感したい、実用的なプログラミングを学びたい……etc.

botterにはいろいろな取り組み方・楽しみ方があります。あなたなりのスタイルを確立してください。botterになることは、あなたの人生に何かしらのプラスになると思います。

そうした中に、私と同じようなアスリートタイプの人も絶対にいるはずです。私は強力なライバルの出現を心待ちにしているのです。私を超えてSSS級に最初に名乗りを上げるのはあなたかもしれません。最強botterとして、Twitterでお待ちしています。

対戦、よろしくお願いします!

〈著者紹介〉

richmanbtc（リッチマンビーティーシー）

月次1億円以上を稼ぐSS級botter（2021年12月現在）。東京大学卒、東京大学大学院修士課程修了。大手IT企業勤務を経て独立。WEBサービス企業を経営する傍ら、2020年3月より機械学習を用いた仮想通貨の自動売買に取り組む。2020年の税引前純利益は1億9000万円、2021年は10億円に迫る。2021年からは機械学習による株価予測「Numerai」にも参加、また仮想通貨bot取引の裾野拡大とbotterの存在を世に知らしめるために本書を上梓した。Twitterやnoteでも積極的に情報発信している。

日給《にっきゅう》300万円《まんえん》のSS級《きゅう》トレーダーが明《あ》かす

botter《ボッター》のリアル

2021年12月8日　第1刷発行
2021年12月23日　第3刷発行

著　者　richmanbtc
発行人　久保田貴幸

発行元　株式会社 幻冬舎メディアコンサルティング
〒151-0051　東京都渋谷区千駄ヶ谷4-9-7
電話　03-5411-6440（編集）

発売元　株式会社 幻冬舎
〒151-0051　東京都渋谷区千駄ヶ谷4-9-7
電話　03-5411-6222（営業）

印刷・製本　中央精版印刷株式会社
装　丁　堀 稚菜

検印廃止

Printed in Japan
ISBN 978-4-344-93758-1 C0095
幻冬舎メディアコンサルティングHP
http://www.gentosha-mc.com/